O essencial no amor

CB010828

COLEÇÃO UNIPAZ – COLÉGIO INTERNACIONAL DOS TERAPEUTAS
Coordenadores: Pierre Weil e Roberto Crema
— *Cuidar do Ser*
— *Caminhos da realização*
— *O espírito na saúde*
— *Terapeutas do deserto*
— *O Evangelho de Tomé*
— *Caminhos da cura*
— *O corpo e seus símbolos*
— *O Evangelho de Maria*
— *Deserto, desertos*
— *A arte de morrer*
— *Palavras da fonte*
— *O Evangelho de João*
— *Carência e plenitude*
— *Sinais de esperança*
— *Além da luz e da sombra*
— *Antigos e novos terapeutas*
— *A montanha no oceano*
— *Uma arte de amar para os nossos tempos*
— *Enraizamento e abertura*
— *Apocalipse*
— *Viver com sentido*
— *Escritos sobre o hesicasmo*
— *Introdução aos "verdadeiros filósofos"*
— *Livro das bem-aventuranças e do Pai-Nosso*
— *Rumo ao infinito*
— *Entre meditação e psicoterapia*
— *O Evangelho de Felipe*
— *O essencial no amor*

Coleção UNIPAZ – CIT

1. Reunião dos textos, pesquisas e testemunhos úteis a uma compreensão superior e vasta do homem e do universo para sua saúde e seu bem-estar.

2. Esta coleção é transdisciplinar e faz apelo a escritores, pesquisadores, médicos, físicos e é inspirada pela antropologia não dualista, pela ética rigorosa e aberta, pela prática da meditação do Colégio Internacional dos Terapeutas, cujas raízes remontam ao 1° século de nossa era, através dos Terapeutas de Alexandria, dos quais Fílon nos traz o Espírito, a visão e os procedimentos, próximos das pesquisas contemporâneas "de ponta".

3. Assim, esta coleção é um local de diálogos, de encontros e de alianças frutuosas entre a tradição e a contemporaneidade.

4. Ela situa-se igualmente na linha de pesquisa da psicologia transpessoal (cf. Coleção Psicologia Transpessoal) e do paradigma holístico, da qual ela é uma das aplicações concretas no mundo dos Terapeutas e nos "cuidados" que todo homem deve ter em relação ao Ser, em todas as suas dimensões: incriada, cósmica, social, consciente e inconscientemente.

Catherine Bensaid
Jean-Yves Leloup

O essencial no amor

As diferentes faces da experiência amorosa

Tradução de Guilherme João de Freitas Teixeira
Título original francês: *Qui aime quand je t'aime?*

VOZES

© Éditions Albin Michel, 2005

Direitos de publicação em língua portuguesa:
2006, Editora Vozes Ltda.
Rua Frei Luís, 100
25689-900 Petrópolis, RJ
Internet: http://www.vozes.com.br
Brasil

Todos os direitos reservados. Nenhuma parte desta obra poderá ser reproduzida ou transmitida por qualquer forma e/ou quaisquer meios (eletrônico ou mecânico, incluindo fotocópia e gravação) ou arquivada em qualquer sistema ou banco de dados sem permissão escrita da Editora.

Editoração: Fernando Sergio Olivetti da Rocha
Projeto gráfico: AG.SR Desenv. Gráfico
Capa: Juliana Teresa Hannickel

ISBN 85.326.3383-8 (edição brasileira)
ISBN 2-226-16785-4 (edição francesa)

Dados Internacionais de Catalogação na Publicação (CIP)
(Câmara Brasileira do Livro, SP, Brasil)

Bensaid, Catherine
    O essencial no amor : as diferentes faces da experiência amorosa / Catherine Bensaid, Jean-Yves Leloup ; tradução de Guilherme João de Freitas Teixeira. – Petrópolis, RJ : Vozes, 2006.

    Título original: Qui aime quand je t'aime?

    Bibliografia.

        1. Amor 2. Psicanálise I. Leloup, Jean-Yves. II. Título.

06-5692   CDD-158.2

Índices para catálogo sistemático:

1. Amor : Relações interpessoais : Psicologia
aplicada 158.2

Este livro foi composto e impresso pela Editora Vozes Ltda.

Mas quem ama
tão próximo de mim mesmo
no momento de te amar?...

Sumário

Introdução I

Catherine Bensaid

Testemunho escrito por dois: dois que se dispõem a escrever. Duas falas que caminham lado a lado para convergirem e enfrentarem-se, afastarem-se e voltarem a juntar-se, distinguirem-se e reencontrarem-se. Duas abordagens que se completam e se respeitam, à escuta uma da outra sem nada perderem de sua essência. Muito pelo contrário, dois olhares que se enriquecem: iluminam-se reciprocamente e fazem ver o que, anteriormente, não era percebido por cada um.

Dois seres que se dispõem a escrever sobre a busca infinita do amor, sobre o relacionamento a dois, não será já uma forma de saber enfrentar-nos em nossas diferenças e semelhanças? E de oferecer ao leitor, além da contribuição de cada um de nós, o fruto de um encontro: não só o nosso, mas também aquele que cada qual poderá estabelecer com um de nossos respectivos textos, o do Jean-Yves e/ou o meu. Este livro crescerá com o passar do tempo para ganhar, aos poucos, sua própria existência e o número de suas facetas dependerá do número de olhares que vier a atrair.

Em companhia de Jean-Yves Leloup, meu desígnio e minha felicidade consistem, precisamente, em compartilhar pensamentos, reflexões e experiências sobre a questão do amor. Sinto afinidade com o que ele escreve e pensa; não será mais fácil começar do "mesmo" para avançar ao encontro do "outro"? Nossas formações são distintas — eu sou psiquiatra, psicanalista; enquanto ele é padre com doutorado em teologia, filosofia e psicologia; no entanto, temos em comum o fato de estarmos abertos para a psicanálise e para a espiritualidade. Assim, pareceu-nos criterioso ter um duplo enfoque bíblico e clínico sobre a busca de amar que, além da busca do outro, objeto de amor, é uma busca de si, sujeito amante[1]. O que significa amar? Quem ama quando digo "eu te amo"?

No título de todos os meus livros aparece a palavra "amor", com exceção de *La musique des anges*[2] — mas esse título em si mesmo não será um cântico de amor? Amor por si, amor pelo outro, amor pela vida: será que, nesses três registros, se trata do mesmo amor? Apesar das inumeráveis abordagens, a questão do amor permanece em aberto: o amor continua sendo uma questão. O que será que procuramos nele?

Falamos sempre do amor como se fosse uma entidade unívoca de modo que não tivéssemos necessidade de redefini-la. Como se, tendo declarado uma vez "eu te amo", tudo tivesse sido dito. Como se, tendo necessidade de amor, não fôssemos obrigados a indicar com precisão o tipo desse amor. Será que ela/ele tem amor por mim? Quais são os critérios que nos permitem pensar que somos, ou não, amados? E aqueles que nos levam a acreditar que nós próprios amamos? Qual é o conteúdo que colocamos na palavra "amar"?

As maneiras de amar não serão tão numerosas quanto o número de seres humanos? E nós próprios teríamos uma única maneira de amar? Será que, ao pronunciarem a palavra "amor", os homens e as

---

1. No original, "aimant", que significa, também, "ímã" (N.T.).
2. *A música dos anjos* (N.T.).

mulheres — de quem fico à escuta no exercício de meu ofício de terapeuta — estão falando da mesma coisa? Será que essa busca, na maior parte das vezes, insatisfeita, refere-se ao mesmo desejo? E nós próprios teremos conhecimento de nosso desejo?

Declaramos "eu amo" ou "eu não amo", mas nada sabemos a respeito de quem é o "eu" que "ama", nem "como", tampouco "quem" ele ama. O "eu" que nos torna sujeitos de nossas escolhas e preferências. Sem um "eu", qual seria o valor de um "eu te amo"? No entanto, cada um sabe perfeitamente como este "eu", antes de ser adulto — ou seja, livre, liberado de seus entraves —, deve empreender e chegar ao fim de uma longa caminhada: a do retorno a si mesmo.

Perdemos, bem cedo, nossa inocência — *non nocere*, deixar de sofrer. Mal havíamos tomado consciência de nossas carências e de nossa nudez, já estávamos sendo expulsos do Jardim do Éden. Continuamos sendo o neném nu e desprovido, frágil e desamparado: tão ávido de amar e de ser amado que não consegue levar em consideração o outro, tampouco a si mesmo. Ele não se conhece; ou, melhor ainda, tudo o que sabe a seu respeito limita-se a procurar a satisfação de suas necessidades imediatas. É tão grande sua sede que nada parece, e nunca, poder saciá-la.

Será que, desde sempre, tem sido experimentada esta sede de amar que, neste momento, parece ser fonte de tanta preocupação para nós? Será que Adão e Eva se "amaram"? Considerando a Bíblia como história mítica e altamente simbólica de nossas origens, li alguns de seus trechos, à minha maneira, e permiti-me cotejá-los com minha experiência cotidiana, reflexo de preocupações mais contemporâneas. O amor na sua encarnação é, quase sempre, sofrimento. O amor místico pode levar a uma exaltação que perde o contato com a terra. Poderíamos amar com nosso corpo, ganhar nosso paraíso terrestre – ou, antes, voltar a encontrá-lo – ao mesmo tempo que deixamos nos tocar pela graça?

Além de nos levar a um melhor conhecimento do "eu" que nos constitui, o amor é o aprendizado de um "tu". Um "tu" que aprendo a amar cada vez melhor. Aliás, "eu" cresço em "tua" companhia[3].

A experiência de amar leva-nos, através do tempo, desde o neném infeliz até o adulto alegre, de uma dependência angustiada até um intercâmbio generoso, de um mundo em que cada um bastar-se-ia a si mesmo até a partilha do que temos de melhor para dar. A busca do amor é abertura: ao outro, a si mesmo, ao desconhecido.

A solidão é uma sede que não encontrou sua nascente[4], enquanto o amor é uma fonte que sacia: escoando ininterruptamente, transparente, límpida e continuamente disponível, ela aceita e reconhece o outro em sua alteridade. Ela deixa o outro transformar-nos em outro. Beber na fonte do amor é um dom infinito dos céus. Como diz o Evangelho[5]:

> Quem beber da água
> que eu darei
> nunca mais terá sede,
> porque a água que eu darei
> se tornará nele uma fonte,
> jorro para a vida eterna (Jo 4,14).

3. A frase original – "'Je' grandis avec 'toi'", literalmente: "Eu cresço contigo" – dá ênfase aos dois componentes do relacionamento: o sujeito "Je" que, em francês, por via de regra, acompanha sempre o predicado, assim como o complemento "toi" [tu], aqui, precedido de "avec" [com] (N.T.).

4. No original, "source", que significa, também, "fonte", "origem" (N.T.).

5. Para os trechos bíblicos, cf. *Bíblia Sagrada*, tradução da CNBB, várias editoras, 2ª ed., 2002 (N.T.).

Introdução II

Jean-Yves Leloup

Ao iniciar este livro em que, por meio de duas falas, abordaremos a "experiência de amar", estou pensando em Jacques de Bourbon Busset que, algum tempo antes de sua morte, me relatava seu relacionamento com Laurence nestes termos: "Não nos iluminávamos um ao outro porque éramos iluminados pela mesma luz. Em vez de ser oriunda de nós, ela vinha de outro lugar; soubemos acolhê-la, arrumar-lhe um lugar entre nós dois, reservar-lhe um espaço... Em determinados instantes tive o sentimento bastante nítido de uma densidade mais forte, de uma luz mais viva. Tudo se passava como se viesse juntar-se a nós um terceiro interlocutor que se servia de nossas bocas para falar, fornecendo maior profundidade e clareza à nossa conversação. E este desconhecido benfazejo era apenas o reflexo, o modesto intérprete de um outro invisível e longínquo... nunca conseguimos dar um nome a esse companheiro extremamente presente e discreto..."

Com certeza, nem sempre é necessário dar-lhe um nome, a não ser para celebrá-lo ou dirigir-lhe nossas preces juntos...

A intuição de Jacques de Bourbon Busset corresponde, igualmente, a um provérbio popular: "Nunca dois, sem três". E poderíamos acrescentar: "Nunca um, sem Três". Qualquer relacionamento pressupõe dois termos e um terceiro para uni-los, sem deixar, no entanto, de diferenciá-los. Sem esse "Terceiro", haverá tão-somente fusão e mistura ou, então, exclusão e separação; e nunca Aliança, nem União.

Para tornar-se um relacionamento autêntico a experiência de amar não pode dispensar esse "Terceiro" que, além de evitar nosso envolvimento em regressões fusionais e em agressões separadoras, conduz-nos para o verdadeiro Um.

Ao redigirmos este livro pareceu-nos necessário fazer um apelo a esse "Terceiro" para significar nosso acordo e nossa diferença, dar a palavra a um "desconhecido extremamente presente e discreto", uma "fala diferente" que nos incomoda e, ao mesmo tempo, incentiva na afirmação de nossas referências e de nossas respectivas especializações acadêmicas, a fim de evitar que o diálogo se torne condescendência recíproca ou artilharia conceitual em um combate em que o objetivo de cada um consistisse em garantir a vitória ou a defesa de seu ponto de vista...

Para introduzir cada um de nossos capítulos escolhemos alguns "ensinamentos" da palavra bíblica e evangélica. Partimos do pressuposto de que, em vez de responder a nossas questões, estes textos sagrados questionam nossas respostas; ao colocarem em questão o Amor de que estamos falando, suscitam a busca em nosso coração.

Certamente, conforme a afirmação de outro velho amigo: "Não é a luz que está em falta conosco: nossos olhos é que se furtam à luz..." Faz-nos falta não a Fonte, mas a sede para encontrá-la; não o Amor, mas o desejo de amar...

Ocorre, às vezes, que a sede
encontra a Fonte:
eis o que designamos
como "experiência de amar".
E o Terceiro?
É o caminho, o vínculo ou o relacionamento
entre esta sede e esta Fonte...

I

Quando o homem e a mulher se conhecem

"Não é bom que o homem esteja só"

Catherine Bensaid

Não é bom que o homem esteja só.
Vou fazer-lhe uma auxiliar que lhe corres-
ponda (Gn 2,18).

"Aqui, neste recanto de paraíso, sinto o peso da solidão. O que me dá a sensação de náusea é que ninguém compartilha comigo tanta beleza." Existe um pensamento comumente compartilhado: não é bom ficar sozinho. Todos nós estamos à procura do outro, cuja presença, por si só, transforma um espaço, uma paisagem, um espetáculo, uma comida, uma palavra ou uma reflexão em um ato de intercâmbio e de partilha: a possível celebração de um verdadeiro instante de vida. Na ausência desta pessoa, a vida – tal como gostaríamos de vivê-la – continua sendo um sonho: o cenário está montado, as falas já estão escritas, a história está pronta para ser vivida, mas faltam os atores, ou, pelo menos, o ator – ou a atriz – principal.

Neste caso, a pessoa fica na expectativa; mas não se trata apenas de esperar, porque ela sofre. E a bela paisagem, a deliciosa refeição e a conversação a ser compartilhada permanecem letras mortas. "De que serve tanta coisa boa, se não há outro beneficiário além de mim"?

Portanto, é tão grande nossa insignificância que, sozinhos diante de nós mesmos, não conseguimos apreciar o belo, nem saborear plenamente o que é bom. A existência de um outro é necessária para que possamos existir, para nos dar à luz[6]: sua presença torna-nos presentes para o mundo. Nossos olhos e ouvidos, assim como nossa sensibilidade, encontram seu perfeito uso apenas através do olhar, da escuta e da sensibilidade desse outro. Um outro que, na maior parte das vezes, é um desconhecido ou uma desconhecida. "Já perdi a conta dos lindos espetáculos de pôr-do-sol que tenho vivido sem ela: ainda não a conheço, mas já sinto o desejo ardente de encontrá-la". Sofremos com a ausência: não será de uma ausência a nós mesmos?

"Nunca cheguei a instalar-me verdadeiramente neste lugar; não vejo interesse em ficar aí sozinho." É impossível valorizar nosso quadro de vida quando nossa própria vida é destituída de valor. Abandonamos os lugares nos quais não sentimos prazer em habitar. É impossível que alguém permaneça em casa, consigo mesmo, em si mesmo, se lhe é desagradável sua própria companhia. Neste caso, sai de casa e vai visitar aqueles cuja vida e casa são habitadas; presta atenção à maneira como vivem, procura impregnar-se da vida que lhe faz falta e fica sonhando com uma vida que poderia ser a sua. Com outra vida.

Sentimos, de novo, sede. Uma sede nunca aplacada de algo: um vazio existencial, a carência do que nos parece ser essencial para viver, para sentir a vida. Algo, sem sabermos o quê, mas outra coisa. Certamente, alguém que nos desperte para novas sensações, além de nos trazer alegrias e prazeres desconhecidos. Um outro que, por seu olhar e por sua existência, permita que prestemos mais atenção a nós mesmos e possamos conhecer-nos melhor.

Tenho necessidade de encontrar você; por seu intermédio, vou descobrir quem sou. Onde você está: há quanto tempo ando à sua

---

6. No original, "mettre au monde", literalmente: colocar no mundo (N.T.).

procura? Onde é que você se esconde? Venha ao meu encontro porque estou à sua espera.

Saberemos, pelo menos, o que esperamos de um outro e por que razão é assim tão difícil, para nós, ficarmos sós? O filho único inventa para si mesmo, freqüentemente, um companheiro para compartilhar seus jogos e sofrimentos. Ele dialoga com um outro imaginário, sem ser obrigado a lutar para impor seus gostos e desejos; esse outro, gêmeo de coração e de alma, é um outro ele próprio que o ama, e a quem ele ama, com um amor incondicional. Vai com ele em toda parte onde a criança ache por bem ir; é impossível encontrar cumplicidade mais absoluta. Se para os pais não há dúvida de que esse filho é único, ele permanece único para esse companheiro de sonho. Você para mim e eu para você.

Nossas primeiras histórias de amor já têm o caráter privilegiado e único de um vínculo de exceção. A unicidade deste encontro, até mesmo entre os membros da mesma família, confere-lhe toda a sua força. "Sei que, em relação a mim, era diferente do que se passava em relação com os outros", ou, então, "eu era o único a considerá-lo tal como ele era, a apreciar todas as suas qualidades".

"A morte de minha avó foi um choque tremendo; era a pessoa por quem eu sentia maior afeição neste mundo", "Nunca consegui assumir plenamente a perda de meu avô; um homem que encarnava a própria bondade", "Sei que estaria pronto a fazer qualquer coisa por minha avó; mais, até, do que por meu namorado". Alguns avós e avós chegaram a instaurar uma cumplicidade através de jogos, histórias, caminhadas, assim como da aprendizagem das primeiras letras, que nunca será esquecida pelos futuros adultos; além disso, tal cumplicidade será tanto mais profunda se tiverem trocado confidências ou tiverem passado juntos por cima de algum tipo de proibição.

"Minha avó contava-me seus namoricos de juventude; coisas que ela nunca tinha contado nem sequer a meu avô", "Quando eu ainda era menino, meu avô levava-me a bordéis, compartilhando comigo seu mundo fora da casa familiar. Como era grande minha alegria!"

As relações fora da lei e as obrigações parentais têm o gosto delicioso da exclusividade e do segredo. Essa não será uma história de amor, vivenciada com uma intensidade similar por ambas as partes? E a felicidade de poder afirmar e pensar, à semelhança de Montaigne[7]: "Por ele ser de seu jeito e eu, do meu". Apreciamos tanto a idéia de que o que ocorre conosco "não se compara" com o que se passa com os outros. Não estar só é ser o preferido de alguém.

Deixo de estar só desde que haja alguém para quem eu seja *alguém*. Alguém que possa falar ao meu ouvido: "Você é meu preferido". Andamos à procura do ser único: único no que ele é e nos leva a viver; mas, antes de tudo, único a nos proporcionar a sensação de sermos únicos. Sejamos dois para que eu seja um.

Ao sermos únicos um para o outro, encontramos, na qualidade de nosso intercâmbio, o terreno propício para uma não-solidão. "Ele, pelo menos, preocupa-se comigo. É o único que se interessa pelo que faço, pelo que sou", "Diz-me que sou a primeira a proporcionar-lhe tudo o que ele esperava de uma mulher...", "Sem ela, eu não estaria aqui: eu teria perdido o gosto de viver". A felicidade está aí: deixar de *sentir-se* só.

---

7. Escritor francês (1533-1592). Tendo chegado a freqüentar a corte, dedicou-se a fixar por escrito, depois de 1572, suas reflexões e notas de leitura que, em três volumes, foram publicadas com o título de *Ensaios*; para ele, a "arte de viver" baseia-se em uma sabedoria prudente, inspirada no bom senso e no espírito de tolerância (N.T.). Salvo outra indicação, todas as notas do tradutor são extraídas do *Pequeno Dicionário Enciclopédico – Koogan Larousse* (Rio de Janeiro: Larousse do Brasil, 1987).

"Sinto-me só com todo o mundo, salvo com você", escreve Einstein para a futura esposa, Mileva, segundo a citação de Florence Montreynaud em seu livro *Aimer – un siècle de liens amoureux*[8]. E continua: "Como sou feliz por ter constatado que, em todos os aspectos, você é igual a mim, tão forte e autônoma quanto eu próprio". Na sensação de não estar só, experimenta-se a felicidade de ter encontrado sua outra *metade*: um outro idêntico a si mesmo. Sentimos falta desta metade, à semelhança da necessária junção de duas metades para obter uma bela laranja. Neste ponto, podemos evocar o mito de Platão.

A menor diferença torna-se, então, uma lacuna na felicidade almejada: o outro deve ser o mesmo, absolutamente. Assim, o outro passa a ser visto sob um prisma deformante: somos levados a transformar a realidade para introduzi-la na moldura de nosso sonho, qual seja, um outro, "em todos os aspectos", igual a nós, a fim de formarmos com ele uma *bolha* perfeita.

"É maravilhoso estar em sua companhia; temos os mesmos gostos e os mesmos desejos", "Nossas moradias estão pintadas de branco: realmente, somos feitos um para o outro". Em vez de: "Ela gostava de Mozart...", como no filme *Love Story*, a expressão é: "Nós gostávamos de Mozart..." O fato de gostar de Mozart e, *a fortiori*, ter um apartamento pintado de branco não pode ser considerado, propriamente falando, como característica de uma pessoa e daí – qual é a importância! – o essencial consiste em convencer-se de ter encontrado a "pessoa apropriada". O ser escolhido, apenas encontrado, é dotado das qualidades propícias a tranqüilizar-nos a respeito de nossa escolha. "Em cada dia que passa, descubro uma nova prova de que, realmente, ele é o homem da minha vida. Não tem mistério:

8. *Amar – um século de vínculos amorosos* (N.T.).

nossos gostos são exatamente os mesmos". Eis o começo de um grande número de histórias de amor...

Apesar de nossa convicção relativamente à pertinência desta escolha, ela será colocada em questão desde que nossa sede do mesmo depara-se com uma alteridade demasiado incômoda. Não há ninguém para dizer que ele não está reconhecendo, no outro, sua diferença; e, no entanto, cada dia de um relacionamento a dois pode ser infestado com essas pequenas discórdias que, justamente, encontram sua origem na diferença própria de cada um. Tendo passado o tempo em que, para ganhar o amor do ser amado, o parceiro acaba vivendo, pensando e decidindo *como ele*, cada um afirma-se tal como é; e ao observar o outro tal como é, dá-se conta de que é diferente do que o havia imaginado. Então surge o tipo de expressões, tais como: "eu teria gostado tanto que...", "você poderia ter...", "por que motivo você não..." A linda unidade fica em estilhaços quando descobrimos que o outro é alguém diferente de nós.

"Eu teria gostado tanto que ele fosse mais atencioso, menos egoísta...", "Como se explica sua incompreensão relativamente a todos os esforços que tenho feito por ela...?" A expectativa de cada um em relação a determinados gestos não é satisfeita nem por um, nem pelo outro. Cada qual gostaria que os desejos, pensamentos e idéias do outro viessem a encontrar uma perfeita adequação com os seus: com todos os seus desejos, com todos os seus pensamentos, com todas as suas idéias. Mas, se esperamos que o outro seja semelhante em "tudo" a nós, ou conforme desejamos que ele seja, deixamos de ver absolutamente o que ele é.

Em relação a todas as expectativas focalizadas nesse outro si mesmo, o olhar é restritivo. De fato, toda expectativa é restritiva: ela limita nossos sentidos a ver o que acharmos por bem enxergar, assim como a entender o que acharmos por bem escutar. E estamos prontos a acreditar – simplesmente pela felicidade de acreditar – naquele ou naquela a respeito de quem ficamos aguardando somente a realização da expectativa que havíamos depositado nele ou nela. A fruição é enorme para quem, homem ou mulher, consegue convencer-se de que não está, e não mais estará, só. Nunca mais só.

Quanto mais dolorosa e persistente for nossa carência de um outro, tanto maior será o poder atribuído a quem quer que seja para nos aliviar dessa falta. Vamos conferir-lhe virtudes, às vezes, bem ilusórias; sabemos, perfeitamente, que as miragens só aparecem no deserto. Nestes tempos abandonados pelo amor e pela vida, nossa sede de viver e, melhor ainda, nossa sede de que um outro nos faça viver, leva à perda de qualquer discernimento. Em vez de prestar atenção ao outro, focalizamo-nos na necessidade que sentimos dele. "Ele me levava às nuvens e me elogiava sem parar; era demais para pensar que se tratava verdadeiramente de mim. Eu sabia que, um dia, ele despertaria e, vendo-me tal como eu era, deixaria de gostar de mim. De fato, ele nunca havia sentido amor por mim".

Se um outro, por si só, pode desempenhar um papel tão importante quanto o de insuflar vida a um espaço ou a um tempo, deve-se concluir que é, então, desse outro, homem ou mulher, que vem a "vida"? Não será, antes, nossa capacidade de inventar uma história à custa do outro: uma história que, para sua felicidade ou infelicidade, lhe impingimos? Uma história que é já a nossa, antes de ser a do parceiro: não só a de nosso passado, mas a de nosso futuro tal como, desde sempre, o havíamos imaginado.

Mesmo em sua presença, continuamos a imaginar uma vida, uma pessoa, um amor que não levam em consideração a realidade. Nossa sensação de carência induz nós próprios, assim como o outro, em erro; ela nos desencaminha para o mundo das aparências enganadoras. Embalados por nosso desejo recíproco de agradar a quem poderia preencher nossa carência, modelamo-nos uma imagem que pretende ser à sua imagem; no entanto, ela nos afasta de nós mesmos e do outro. Em situação de carência, enxergamos apenas a carência; nunca o outro.

Cada um vê somente o que pode e, em breve, o que *deve* ser-lhe dado; o que, através do outro, a vida tem o dever de lhe dar. E procura convencer o outro de que ele lhe é indispensável. Em situação de necessidade do outro, pode tratar-se de uma questão de sobrevivência; e naquele que permite que o outro possa viver, pode emergir a certeza de que ele se tornou necessário para a vida do parceiro. Portanto, de que é necessário permanecer vivo. De fato, então, sua vida adquire sentido. Alma Mahler, ao justificar sua escolha em permanecer com o marido Gustav Mahler, diz o seguinte: "Se eu for embora, ele morre; e se eu ficar, ele vive".

Qual será o sentido de "não ficar só": esperar que o outro nos dê vida ou, então, permanecer com ele para mantê-lo em vida? Duas vidas vacilantes conseguirão tornar-se em uma vida que se mantenha de pé? Ao ter necessidade de encontrar com o outro uma ajuda mútua, o fato de um apoiar-se no outro com todo o peso da dificuldade de viver não torna, certamente, a vida mais fácil para qualquer um dos dois. Nosso desamor pelo outro não resulta daquilo que ele é, nem da vida que nos dá, mas do fato de que não amamos nossa própria vida.

Não estarmos sós já é uma forma de nós mesmos estarmos vivos, habitados por nossa própria vida. Repletos de nossa vida, deixamos de solicitar ao outro para preenchê-la. "Criticou-me por ter investido tanto em mim. Mas, "em mim": o que saberia ele a meu respeito? Cobria-me de presentes e pretendia que o relacionamento fosse semelhante ao que satisfizesse seu desejo. Colocava-me em um pedestal e, no entanto, não levava em consideração meus desejos. Na realidade, tratava-me como um objeto sem valor. Tinha sentido tanta falta de amor durante sua juventude que lançou para cima de mim todas as suas carências e expectativas. Apesar de sua convicção de que dava amor, na realidade ele esperava ser amado; além disso, ele dava amor não a mim, mas àquela que ele tinha inventado, àquela que, para corresponder a seu desejo, eu deveria ter sido".

Ao obedecer a um desejo de fusão e não de comunhão, a necessidade de um ser único para que o casal seja único acarreta a perda de cada um dos parceiros, assim como do relacionamento. Este desfalece por desejar uma semelhança que se torna um empobrecimento para ambos; à força de pretendermos assemelhar-nos ao outro, acabamos por perder qualquer semelhança. De fato, para me agradar, você torna-se outro; e para agradar a você, torno-me outro. Se, para deixarmos de ficar sós, nosso objetivo consistir em ser apenas um – "Ser apenas um, a questão é a seguinte: qual deles?", para retomar a afirmação de Guitry[9] a propósito do casamento – podemos dizer que "um + um" anula o dois e, até mesmo, o um. Cada um passa a ser apenas a sombra dele mesmo, a sombra projetada do desejo do outro para si, de seu próprio desejo para o outro.

A frase bíblica "Não é bom que o homem esteja só" não significa perder-se por um outro, nem vê-lo, por sua vez, perder-se por nós. Em seu diário, Etty Hillesum[10] escreve o seguinte: "Alguma coisa há de empurrar sempre você até se perder no outro, no 'ser único'. Essa é, ainda, outra ficção – certamente, uma bela ficção. Seria impossível existir coincidência entre duas vidas; de qualquer modo, no que me

9. Sacha Guitry (1885-1957), ator, dramaturgo e cineasta francês cujas comédias e filmes encarnam certo espírito parisiense, brilhante e sarcástico (N.T.).

10. Judia holandesa (1914-1943), morreu em Auschwitz, maior campo nazista de concentração e de extermínio; mística leiga, apaixonada por Deus e sintonizada com o sofrimento do mundo, escreveu este diário no período final de sua vida (N.T.).

diz respeito. No máximo, chegamos a conhecer alguns momentos de comunhão: será que esses momentos justificam a associação durante uma vida inteira? Serão suficientes para cimentar uma vida em comum? Existe, também, um sentimento forte. E, às vezes, feliz. Sozinha. Meu Deus. Mas firme. De fato, o mundo permanece inospitaleiro".

Neste mundo sem hospitalidade é bom viver a dois, fazendo companhia na estrada e permanecendo atentos um ao outro, com gestos mútuos de ternura e de solicitude. E estarmos preparados para compartilhar coisas boas e coisas ruins. No entanto, a busca inquieta por um amor que se limita a curar nosso medo da solidão condenar-nos-ia a ficarmos sós. Se ainda não conseguimos ser um, como poderíamos ser dois?

Não espero do outro que ele me dê vida. Sou um ser vivo que encontra um outro ser vivo. Cada um, eu e ele, tem sua própria solidão. "Não é bom que o homem esteja só" desde que ele tenha reconhecido seu "estar só", seu ser único. Sou único a ser o que sou. Reconheço o *um* que sou antes de poder ser *dois*. Antes de abrir-me para o outro, de unir-me com ele.

Antes de sentir-me único para um outro, reconheço minha unicidade em mim próprio. Cada um tem algo de único que é único para um outro.

A gênese de uma aliança

Jean-Yves Leloup

*Deus criou o homem à sua imagem,
à Imagem de Deus Ele o criou,
homem e mulher Ele os criou* (Gn 1,27).

*Javé disse: "Não é bom
que o homem esteja só.
Vou fazer-lhe uma auxiliar
que lhe seja adequada (em face)".
Então, Javé formou da terra
todos os animais selvagens
e todas as aves do céu,
e os apresentou ao homem para ver
como este os chamaria:
cada ser vivo teria o nome
que o homem lhe desse.
E o homem deu nome
a todos os animais domésticos,
a todas as aves do céu e
a todos os animais selvagens,
mas, para o homem,
ele não encontrou a auxiliar que lhe fosse
adequada (em face)* (Gn 2,18-20).

Por que motivo está escrito "Não é bom que o homem esteja só"?

O homem não se basta a si mesmo? Por que teria necessidade do outro para sua realização? E por que um homem para uma mulher e uma mulher para um homem? Não seria possível amar e ser feliz com uma pessoa do mesmo sexo? (Observe-se que o dicionário *Petit Robert*[11], até 1993, definia o amor como "inclinação por uma pessoa de outro sexo"; em seguida, pareceu ser suficiente afirmar apenas "inclinação por uma pessoa", tendo sido suprimida a determinação relativa ao sexo do outro...).

Mas, antes de tudo, por que não seria possível ser feliz sozinho? Esta felicidade que depende do outro não seria justamente o que é denunciado por nossas psicologias contemporâneas? Não convirá aprender a bastar-se a si mesmo e libertar-se de qualquer expectativa? Será mesmo impossível "ser seu próprio objeto de amor"? Essa é a própria definição do narcisismo, segundo Freud. "Este – escreve Xavier Lacroix – considera o narcisismo, em primeiro lugar, como um estágio da evolução sexual, antes de compreendê-lo como uma constante da libido, de algum modo, seu ponto de partida. Ele tornar-se-á uma das duas fontes principais do desejo amoroso, ou seja, o amor de si projetado no outro por identificação, enquanto a outra fonte é o atrativo sexual propriamente dito, voltado para o prazer".

Em vez de fonte, o narcisismo não será, de preferência, "sede" do amor? Esse é, pelo menos, o ponto de vista formulado pelo mito de Ovídio[12]: "Narciso, homem jovem dotado de uma beleza impressionante, recusa as investidas apaixonadas de várias ninfas; entretanto, ao debruçar-se para a água na tentativa de apaziguar a

---

11. Um dos mais antigos e utilizados, assim como o *Larousse*, nos países francófonos (N.T.).

12. Poeta latino (43 aC-18 dC), autor de várias obras, tal como *A arte de amar* (N.T.).

sede, então, sente crescer dentro de si uma outra sede. Ao aperce-
ber-se de sua imagem enquanto bebe, acaba seduzido por sua beleza, apaixonando-se por um reflexo sem consistência, considerando
como um corpo o que é apenas uma sombra. Permanece em êxtase
diante de si mesmo: imóvel, inclusive, em seu rosto, absorto diante
deste espetáculo, ele parece ser uma estátua feita de mármore de
Paros. Contempla com deleite todos os dotes pelos quais ele suscita a admiração; sente desejo por si, em sua ignorância a respeito de
si mesmo. Seus elogios são atribuídos a ele mesmo; a paixão violenta que sente é inspirada por ele mesmo. É o alimento do fogo que
ele próprio acende".

"Sente desejo por si, em sua ignorância a respeito de si mesmo"
e vai procurar conhecer-se no olhar de tudo o que encontrar à sua
frente; o mundo inteiro tornou-se um espelho em que ele se procura
e se mira; não há "outro" para responder-lhe, ou seja, para oferecer-lhe resistência. No entanto, isso lhe basta. O culto das aparências
é sua religião: ele transforma seu reflexo em seu ser e em sua identidade; além disso, suas "aparências", cada vez mais bem consolida-
das, lhe dissimularão o vazio em que, um dia, apesar de tudo, terá de
mergulhar. "Cada geração, explica Gilles Lipovetsky, faz questão de
reconhecer-se e encontrar sua identidade em uma grande figura mi-
tológica ou legendária que ela reinterpreta em função dos problemas
do momento: Édipo como emblema universal; Prometeu, Fausto ou
Sísifo como espelhos da condição humana. Atualmente, para um
grande número de pesquisadores, em particular, norte-americanos,
Narciso é o símbolo do tempo presente".

Numerosos textos freudianos — retomados por um enorme volume de obras que, à guisa de desenvolvimento pessoal, propõem o
acesso a um bem-estar narcísico — deixam a impressão de afiançar

Benjamin Constant[13] ao afirmar que "o amor é o mais egoísta dos sentimentos".

"O outro merece meu amor quando, por aspectos importantes, assemelhe-se comigo a tal ponto que, nele, eu possa sentir afeição por mim mesmo, escreve Freud. Ele o merece se, tendo conseguido ser mais perfeito que eu, me oferece a possibilidade de amar nele meu próprio ideal." Quando o outro deixa de propor-me um reflexo necessário e suficiente de mim mesmo, volto-lhe as costas e vou à procura de um novo espelho mais favorável. Até mesmo, no campo do prazer, se o outro não consegue levar-me a uma suficiente fruição de mim mesmo, prefiro trocá-lo por uma boneca inflável ou por uma representação virtual, cuja modelagem pode ser realizada segundo meu desejo.

Narciso não está longe de Onan. Qualquer prazer é solitário: o outro pode, sem dúvida, ajudar-me a encontrá-lo ou, até mesmo, a desenvolvê-lo, mas trata-se de "meu" prazer; em compensação, se o outro não tiver prazer, trata-se de um assunto que "lhe" diz respeito, é "seu" problema...

No entanto, a história de Narciso é trágica: a ausência do outro é também a ausência do real. Ovídio não é assim tão estúpido ao ponto de sucumbir à ilusão em que vive seu herói: "Ó jovem crédulo, de que servem todos esses esforços para capturar uma aparência fugitiva? O objeto de teu desejo não existe! Quanto ao objeto de teu amor, basta que lhe voltes as costas para que o faças desaparecer. A sombra à tua frente é o reflexo de tua imagem; em si mesma, é nada. Com tua presença é que apareceu e persiste; acontece que, se tiveres coragem de ir embora, ela dissipar-se-á com a tua partida."

---

13. Político e escritor francês (1767-1830), tornou-se célebre por seu romance psicológico *Adolfo* (1816) (N.T.).

O que se passa quando alguém descobre que só tem amado a si mesmo e que este *self* é desprovido de substância, projeção ilusória sobre a tela mais ou menos condescendente, mas sempre mutável, de outrem? Resta-lhe apenas ficar decepcionado e infeliz, ao mesmo tempo que acusa o outro por essa decepção. "Quando dois seres humanos decepcionam-se reciprocamente, é quase certo que ocorreu o seguinte: cada um limitou-se a amar, no outro, a si mesmo", escreve Gustave Thibon[14].

Mas será possível amar o outro como um outro? E amá-lo como um outro si mesmo não será ainda amá-lo como se se tratasse do mesmo? Como a "outra metade de mim mesmo"?

Ou será que minha outra metade não continua sendo eu próprio? O mito do Andrógeno não será o desenvolvimento do mito de Narciso? Não é que ele exprime a mesma dificuldade para conhecer e reconhecer a existência do outro? E, em particular, do outro sexo? Vale lembrar que o termo "sexo" deriva do verbo *secare*, "cortar, separar", ser sexuado, segundo o mito do Andrógeno. Trata-se de estar separado não do outro, mas em si mesmo de uma metade que, apesar de nos pertencer, está em falta.

Para Platão, em seu livro *O banquete*, o primeiro homem era perfeito[15]. Essa forma esférica, imagem da totalidade, conferia a esses seres andrógenos "uma força e um vigor extraordinários", semelhantes aos dos deuses; neste caso, se os homens são como deuses, de que serve prestar culto a deuses diferentes deles mesmos?

Em vez de destruir os homens, Zeus, deus supremo, teve então a idéia de enfraquecê-los, cortando-os ao meio; com a ajuda de Apolo,

---

14. Filósofo francês (1903-2001), católico, monárquico e autodidata; em 2000, foi agraciado com o "Grande Prêmio de Filosofia" da *Académie française* (N.T.).
15. No original, "rond", literalmente: redondo, esférico (N.T.).

foi executada esta operação "a fim de que, ao observar seu corte, o homem se tornasse mais modesto".

Esta modéstia será, também, sua "pena", seu tormento; então, surge *Eros* (filho de *penia*), ou seja, o amor que é busca da unidade perdida, procura de sua outra metade.

"Quando o corpo foi dividido desta forma, cada parte, sentindo falta de sua outra metade, ia ao seu encontro e, abraçando-se e enlaçando-se com o desejo de fundirem-se, os homens acabavam morrendo de fome e de inação porque recusavam-se a fazer o que quer que fosse a não ser juntos". Assim, portanto, "Eros recompõe a antiga natureza, esforça-se por fundir dois seres em um só e obter a cura da natureza humana. Cada um de nós é como uma téssera[16] de hospitalidade já que, à semelhança do que ocorre com os linguados, fomos divididos e, sendo um só, tornamo-nos dois; assim, cada um anda à procura de sua metade".

"E eis as pessoas que passam uma vida inteira, juntas, sem terem a possibilidade de exprimir sua expectativa em relação ao outro, prossegue *O banquete*; de fato, segundo parece, não é o prazer dos sentidos que lhes faz encontrar tanto encanto na companhia de uns com os outros. É evidente que a alma de ambos deseja algo de diferente, difícil de ser dito, mas que consegue adivinhar e faz com que possa ser adivinhado. Se, enquanto estão deitados juntos, Hefesto — o deus grego do fogo e das forjas — lhes aparecesse com seus utensílios e dissesse: 'Homens, qual é o desejo de vocês em relação aos outros?' e se, vendo-os confusos, ele continuasse: 'O objeto do anseio de vocês não será o de ficarem o mais próximo possível uns dos outros ao ponto de nunca mais se separarem, nem de dia nem de noite? Neste caso, vou fundi-los e soldá-los uns nos outros de modo que, sendo

16. Pequena placa de marfim ou metal que servia, na Roma Antiga, de senha para entrada em reuniões (N.E.).

dois, vocês se transformem em um só... e de modo que, depois de terem morrido ao mesmo tempo, lá embaixo, no Hades, em vez de dois, vocês sejam um só'. Sabemos perfeitamente que todos aceitariam tal proposta e evitariam testemunhar a vontade de outra coisa: cada qual acreditaria francamente que estava escutando o que desejava há muito tempo, ou seja, reunir-se e fundir-se com o objeto amado e, em vez de dois, transformar-se em um só".

Será que o mito bíblico – "homem e mulher, Ele os criou" – retoma o mito de Aristófanes e de Platão? Trata-se de duas faces ou de dois lados de um mesmo ser, ou do relacionamento de dois seres inteiros e diferenciados?

Segundo parece, o Zohar e alguns midraxes interpretam o texto bíblico como referência ao Andrógeno primordial:

> Rabbi Chemuel bar Nah'man disse:
> "Quando o Santo-Bendito-Seja-Ele
> criou o primeiro Adão,
> Ele o fez com uma 'dupla face'
> e, em seguida, o serrou ao meio para transformá-lo em dois corpos".
> Foi-lhe apresentada a seguinte objeção:
> "No entanto, está escrito:
> Ele tomou uma de suas costelas?"
> Ele respondeu:
> "Deve-se ler:
> um de seus lados,
> como está escrito,
> e o lado[17] do Tabernáculo..." (Midraxe Rabbah. Gn, VIII)

---

17. No original, "côté" que, duas linhas antes, aparece na sua forma plural – "côtés" – ou seja, lados ou costados; observe-se a homografia deste termo com a palavra "côtes", algumas linhas acima, cujo significado é "costelas" (N.T.).

"Os rabinos nunca escolhem uma citação por acaso, segundo o comentário de Josy Eisenberg e Armand Abécassis. A intenção deles é clara: pretenderam comparar os dois lados do andrógeno com os dois lados do Tabernáculo.

O homem e a mulher são os dois lados do Templo. Do mesmo modo que, em primeiro lugar, o Tabernáculo e, em seguida, o Templo, eram o lugar onde residia a presença divina, assim também Deus está presente na união do homem com a mulher. De modo espetacular, outro midraxe ilustra essa concepção ao constatar que a diferença entre a palavra *Iych*, homem, e a palavra *Ichah*, mulher, refere-se a uma letra suplementar: na primeira, o *yod* e, na segunda, o *hé*. Ora, estas duas letras juntas constituem a palavra *Yah* que é um dos nomes divinos..."

Assim, com o dois, deve-se fazer o Um porque, na origem, quando tudo "funcionava perfeitamente"[18], nós éramos Um. Quando eu tiver encontrado minha outra metade, meu outro lado, ficarei, finalmente, inteiro, serei perfeito[19]; além disso, o templo se manterá de pé, serei deus ou casa de Deus!

Atualmente, o mito continua sendo operante, se dermos crédito ao grande número de estágios que nos prometem o encontro de nossa "alma gêmea", uma espécie de duplo de si mesmo a respeito do qual seria possível dizer que "somos feitos um para o outro".

O romantismo e numerosas canções continuam exaltando tais crenças: "Meu coração já me tinha falado: cada alma tem sua gêmea, / Seu destino, mais cedo ou mais tarde, é o de encontrarem-se".

---

18. No original, "tournait rond", literalmente: girava em círculo (N.T.).
19. No original, "rond" (N.T.).

E o que dizer da afirmação de Lamartine[20]: "Como é estúpido e venenoso o mito segundo o qual teria sido criada uma alma gêmea, especialmente, para cada um de nós; assim, bastaria encontrá-la para realizar, na terra, o paraíso do amor"?

Será realmente uma ilusão acreditar que existe, em algum lugar da terra, um ser que, tendo sido encontrado, viesse a satisfazer todos os nossos desejos, e em companhia do qual a existência ignorasse as decepções, as lacunas e os conflitos? "Esta é a origem de todas as outras ilusões, escreve Gustave Thibon. Ao descobrirmos, no decorrer do tempo, a diferença, as lacunas e a carência, através das imperfeições e 'defeitos' do outro, ocorrerá o seguinte raciocínio: existe, sim, o(a) parceiro(a) ideal, mas não aqui. Como você não é o ser capaz de ajustar-se perfeitamente a mim, daqui em diante vou procurá-lo em outro lugar. Da minha parte, equivoquei-me apenas no endereço. Assim, o casal real será sacrificado em nome do casal ideal e o parceiro imperfeito, apesar de presente, ao parceiro sonhado".

"Em vez de dois, ser apenas um": quando Hefesto propõe aos amantes sua fusão, o relato sublinha que nenhum dos dois recusou tal proposta, justamente pelo fato de que Eros — o desejo de ser um — é tão forte em nós. No entanto, cada um pode pressentir que, neste "um", o "outro" corre o risco de desaparecer.

Mas, não haveria outra interpretação do texto bíblico? Por exemplo, uma interpretação que esteja mais próxima do que, em seu livro *O profeta*, Khalil Gibran faz pressentir no poema "O casamento":

> Amai-vos um ao outro, mas evitai de transformar o amor em obstáculo:

---

20. Poeta e político (1790-1869), com seu primeiro trabalho lírico, *As meditações*, ganhou celebridade, tendo sido saudado como mestre pela nova geração de poetas românticos (N.T.).

> Deixai que ele seja, de preferência, como um
> mar em movimento entre as praias de vossas almas.
> Cada um encha a taça do outro, mas evitai de be-
> ber em uma só taça.
> Compartilhai vosso pão, mas evitai de comer do
> mesmo pedaço. [...]
> E ficai juntos, sem permanecerdes perto demais:
> De fato, os pilares do templo são erguidos à dis-
> tância uns dos outros, além disso, o carvalho e o
> cipreste só conseguem crescer se não fizerem
> sombra um ao outro[21].

No livro *Para além do princípio do prazer* Freud refere-se ao mito dos andrógenos. Segundo o relato de Aristófanes, com o encontro das duas metades seu desejo é "satisfeito": elas obtiveram o *satis*, o bastante. Como se o desejo tendesse para o não-desejo, para a sua própria supressão; ora, é precisamente este aspecto que é designado por Freud como "pulsão de morte" ou, ainda, o "princípio de nirva-na", ou seja, "a tendência para manter o aparelho psíquico em um nível constante – e o mais baixo possível – de excitação... Assim, o princípio de prazer está a serviço do instinto de morte".

Apesar de sua oposição a Freud em numerosos pontos – em particular, sobre a noção de civilização e de cultura – Wilhelm Reich propõe, também, a plena satisfação ou a supressão de qualquer ten-são como o derradeiro objetivo de todas as práticas sexuais. Em sua teoria, a noção de descarga é central: trata-se de desembaraçar-mo-nos do peso de nossa dualidade para reencontrarmos a "pulsão original". O desejo é o inimigo do prazer: aprofunda o fosso entre os dois seres, confirma a carência, faz-nos lembrar que não somos "um", nem deuses.

---

21. Tradução de Bettina G. Becker (Porto Alegre: L&PM Pocket, 2001, p. 27).

No livro *Nouveau désordre amoureux*[22] os filósofos Alain Finkielkraut e Pascal Bruckner integram perfeitamente esta orientação: "No fundo, talvez, o culto do orgasmo se limite a exercer esta função: concentrar toda a emoção no sexo e liberar os corpos de qualquer desejo. [...] A relação sexual satisfatória nada será além da reparação de um estranhamento, a domesticação, sob a tutela genital, de uma energia indomável que será eliminada pela descarga total. O amor é um trabalho paciente destinado a aliviar as tensões. O erotismo é uma desordem que deve ser estabilizada. O orgasmo como prazer terminal é a restituição dessa desregulamentação à ordem estabelecida. Uma boa pulsão é uma pulsão morta."

Mas, e se o objetivo do relacionamento, em vez de tender para a realização de um a partir do outro, de reduzi-lo ao mesmo, fosse o de confirmá-lo em sua diferença, transformando-a na própria condição de uma aliança?

Como lembra Lévinas – em particular, no livro *Totalité et infini*[23] –, o outro tem um rosto: eis o que o torna irredutível a si mesmo. Um rosto é sempre algo mais que a soma dos elementos que o constituem. Em um rosto há sempre algo que me escapa, cuja "apreensão" é impossível para mim, seja qual for o meio utilizado: intelectual, afetivo ou sensual.

Se o observo sem o reduzir ao que posso conhecer a seu respeito, então, uma abertura pode produzir-se na minha consciência e é assim que Deus surge na minha mente; o rosto do outro reconhecido em sua alteridade é da ordem do imperceptível e do infinito.

---

22. *Nova desordem do sentimento amoroso* (N.T.).

23. *Totalidade e infinito*. Emmanuel Lévinas (1906-1995), filósofo e comentador talmúdico francês de origem lituana. Sua filosofia da existência está focalizada em torno da reflexão sobre a alteridade; ele contribuiu, também, para a renovação do pensamento judaico contemporâneo (N.T.).

Compreende-se melhor, então, que "conhecer" com o outro é estabelecer conhecimento com o desconhecido, com Deus. A relação humana é "à imagem de Deus" no seu aspecto invisível, irrepresentável, incognoscível.

Ao ser reduzida a seus componentes fisiológicos ou psicológicos, é eliminada, evidentemente, qualquer referência ao sagrado.

Post coitum, o animal pode ficar triste já que o encontro dos corpos carecia de um rosto e do reconhecimento de uma alteridade. A este propósito é interessante observar que, no texto do Gn, Javé, "o Ser que é o que Ele é", manda desfilar diante de Adão, o argiloso, todos os animais, desde as aves do céu até os animais selvagens; ora, entre todos esses animais Adão não encontrou uma "auxiliar que consiga manter-se de pé à sua frente" (Gn 2,20) – *ezer kenegdo*, em hebraico.

Alguns rabinos sublinham que os animais acoplam-se diante de Adão que não chega a vislumbrar, neste acoplamento, o que poderia ser para ele uma relação feliz e fecunda, como se a sexualidade animal, apesar de toda a sua energia e intensidade pulsional, não tivesse condições de garantir a felicidade do homem.

Portanto, não é bom que o homem esteja só – *lo tov*, em hebraico –, ou seja, o homem sozinho não consegue ser completamente feliz, não pode contentar-se com as astúcias enganadoras da alteridade, à semelhança de Narciso, do Andrógeno e, também, do animal que permanece a serviço das intenções da "espécie".

Antes da criação do homem, "o Ser que dá o ser a tudo o que é" parecia achar bom tudo o que existe. Todos nós conhecemos o refrão: "E Ele viu que isso era bom e belo"; mas, apesar de ser bom para as plantas, astros e animais, talvez não o seja para o homem. A unidade do cosmo, das raças e das espécies talvez não seja a forma da unidade à qual ele aspire: o Amor é mais do que dissolução, fusão, reintegração. Assim, o texto continua:

>...vou fazer
>uma auxiliar em face dele.

A expressão *ezer kenegdo* abrange um conjunto de significações: auxiliar diante de si, auxiliar por relação, auxiliar do outro lado. A tradução mais literal é, sem dúvida, "auxiliar em face dele" com todos os matizes de oposição, confronto e, também, enfrentamento, contidos em um face-a-face.

Mas, neste face-a-face, também é possível ter acesso a um amor diferenciado. Existem dois rostos e não duas metades de rosto; existem duas alteridades, dois sujeitos irredutíveis que podem "ter respeito um pelo outro" ou provocar brigas violentas.

Neste face-a-face, neste "rosto encostado no outro rosto", ou seja, também em uma Fala e um Sopro compartilhados, os dois "argilosos" – um masculino e outro feminino – têm acesso à humanidade inteira de ambos, ao seu ser de sujeito falante e livre; anteriormente, eles eram objetos de toda a espécie de necessidades orgânicas, pulsionais e funcionais.

Na tradição hebraica – em particular nos midraxes – insiste-se no fato de que um homem que não tenha conhecido uma mulher não pode ser chamado "humano"; e o mesmo se pode dizer em relação à mulher. E os exegetas observam que, antes de encontrar a mulher – a alteridade –, o humano masculino chama-se Adão [*Adam*]; e depois do encontro ele chama-se *ha-adam* (o homem).

Se, a exemplo dos cabalistas, contarmos o valor numérico das letras que compõem estas palavras, obtemos para *ha-adam* um equivalente numérico do termo *mi* que, em hebraico, significa "quem"; por sua vez, para *adam*, obtemos um valor numérico que corresponde ao termo *mah*, cujo significado é "que coisa"[24].

De acordo com a explicação de Josy Eisenberg e de Armand Abécassis, o homem passa do "que coisa" para o "quem", ou seja, de um ser objeto para um ser sujeito, quando realiza a complementaridade homem-mulher; ao encontrar o outro, torna-se ele mesmo através deste encontro. Sozinho ninguém consegue ser "inteiro"; este encontro, este relacionamento é que nos faz "quem", sujeito, à imagem e à semelhança do Sujeito primeiro e princípio de tudo.

A palavra "amor" adquire, então, outro sentido: em vez de ser apenas *eros*, é "aliança". Aliança entre duas liberdades, entre dois sujeitos. Já não se trata de um registro de complementaridade, o outro não se limita a preencher a carência, mas são dois sujeitos inteiros. Na relação entre essas duas liberdades revela-se algo do divino ou desconhecido. Em vez de um amor de dependência, de um amor de sedução, trata-se de uma aliança que produz fruto. O fruto pode ser um filho, assim como uma obra, a realização de um projeto, um prazer...

No âmago da própria relação, revela-se algo de Deus: o Ser do Dom, o "Ser" que se revela como trindade. Trindade significa que Deus é relação de amor: em vez do Um do monismo, em vez do Dois do dualismo, é o Três, algarismo da aliança. Grandes monoteístas, tais como Hallaj ou Rumi, afirmam: "Deus é um, assim como o Amor, o Amante e o Amado(a) são um." A própria relação é um desvelamento do Deus uno e trino: a Uni-Trindade. Como é dito no *Evangelho de Felipe*:

> O mistério que une dois seres é grande;
> sem esta aliança, o mundo não existiria.

---

24. No original, "quoi", pronome relativo para designar "coisa". Na frase anterior, o autor utiliza o pronome relativo "qui" – para designar "pessoa" –, cuja função gramatical é a de sujeito da oração (N.T.).

Conforme vimos, na mitologia e no pensamento gregos, a separação entre o homem e a mulher é considerada como uma punição. Na mitologia e no pensamento hebraicos, esta mesma separação é vista como uma bênção, uma graça do Criador – "Ele viu que não era bom que o homem estivesse só". Esta diferenciação constitui, inclusive, uma oportunidade para "conhecer" a Fonte criadora de tudo o que vive e respira.

O objetivo de um relacionamento não é apenas recuperar a metade que nos faz falta e, assim, termos acesso à individuação ou à sua natureza andrógena. A metade que procura sua outra metade limita-se a amar-se a si mesma; neste caso, não há acesso à alteridade, mas a uma espécie de diferenciação interna, considerada inoportuna e dolorosa.

Na tradição hebraica, assim como no *Evangelho de Felipe*, o Amor é, sobretudo, a procura de um "inteiro" direcionado para um outro "inteiro"; ele não surge da carência – não é filho de *penia* –, mas de um transbordamento em direção ao outro – filho de *pleroma*, ou seja, a plenitude.

O ser humano nasce macho ou fêmea e, ainda, tem de tornar-se um homem ou uma mulher, ou seja, uma Pessoa, um Sujeito, capaz de encontrar outra Pessoa, outro Sujeito, em um Amor liberado da necessidade e da demanda, do qual o amplexo amoroso, consciente e confiante, é um eco.

Para alguns autores da tradição hebraica, este encontro de dois seres diferenciados, do ponto de vista sexual – apesar de compartilharem a mesma alma ou o mesmo sopro –, teria ocorrido antes mesmo de seu nascimento, maneira metafórica de insistir no fato de que fomos criados para formar um casal e que, através desta realização, se manifesta a Presença – a *Chekinah* – de Javé.

Assim, na tradição hebraica e, mais tarde, na tradição cristã – *Evangelho de Maria* e *Evangelho de Felipe* –, o relacionamento não está a serviço da própria realização, mas ele mesmo é nossa própria realização e revelação de um terceiro termo: o Amor entre o Amante e a Amada. Enquanto fonte de diferenciação e de união, este "Terceiro" será chamado, pela tradição bíblica, Deus e, pela tradição evangélica, *Pneuma* ou Espírito Santo, ou seja, o Sopro que une dois seres: "Faz-se amor, escreve Christian Bobin, não a um corpo, mas a um rosto; e não propriamente a um rosto, mas à luz resplandecente nesse rosto".

"Homem e mulher, Ele os criou"

Catherine Bensaid

> *Tenho de fazer para ele uma auxiliar que lhe corresponda* (Gn 2,20).

É bom ser dois. Na seqüência de "não é bom que o homem esteja só", está escrito: "Tenho de fazer para ele uma auxiliar que lhe corresponda". Expressão a ser lida do modo proposto por Jean-Yves Leloup: "...vou fazer uma auxiliar em face dele."

Não estar só é algo mais do que ser único no olhar de um outro, assim designado, e sentir-se vivo: encontrar na sua presença uma confiança e um amor incondicional. Não estar só é ter um outro diante de si: um outro que nos faz reagir e evoluir pelo que ele nos restitui a nosso respeito; que desestabiliza a idéia que fazemos de nós mesmos; que nos dá sua ajuda para superar-nos, ultrapassar-nos. Deste modo, impede que fiquemos confinados na pequenez de nosso eu, cujo desejo é não crescer.

O face-a-face é um teste para avaliar a veracidade do que é afirmado: "Focalize seu olhar nos meus olhos e diga-me a verdade." Quando se olha de frente, é impossível mentir; diz-se também que, na posição vertical, se verifica o mesmo tipo de reação. De pé em face do outro: então, dirijo meu olhar para seus olhos e você focaliza seu olhar nos meus. Recebo seu olhar, assim como você recebe o meu; acolhemos a verdade de nosso olhar, fixado um no outro, e cada um enxerga, no olhar do outro, a verdade de seus sentimentos. Nosso olhar já não é fugidio e, se um de nós comete um deslize, deixamos de nos encarar com animosidade. Diante de uma falha, tanto eu quanto você, somos capazes de exprimir um ao outro a verdade do que sentimos; além disso, cada um é capaz de escutar o outro sem baixar os olhos, nem ter receio de que o outro desvie seu olhar. Cada um espera do outro a indulgência e não a condescendência. Não vou encará-lo de forma altaneira, nem pretendo erguer-lhe um pedestal. E não quero que você me venha lisonjear, nem faça julgamentos a meu respeito. Neste face-a-face, existe um tu e um eu; tu, ou seja, um outro diferente de mim.

Se meu único desejo é ser lisonjeado sem parar, se aceito que você me fale apenas do que me agrada ver em mim, sou como Narciso, segundo a descrição de Ovídio: "admira tudo o que nele suscita admiração". Neste caso, ao olhar para você, não o vejo, mas a mim mesmo.

"Você é maravilhoso(a); o mais lindo dos homens, a mais linda das mulheres." E recuso-me a escutar o resto. Quero prestar atenção apenas ao que, precisamente, espero de você em relação a mim. E prefiro deixar de vê-lo se, em você, não conseguir enxergar o reflexo mais lindo possível... de mim. Tal como você é, sinto-me bem. Oxalá que você permaneça assim, sem qualquer mudança. Imagem imobilizada, todo o mundo na mesma posição.

"Tenho a sensação de que se houver alguma modificação na minha imagem, ele deixará de ter amor por mim." A obsessão narcísica transforma o outro e o relacionamento em um espelho que, em cada instante, deve ser valorizante. Um espelho que restitui uma vida de sonho e um outro que deve assemelhar-se o mais possível à mulher ou ao homem sonhados. "Sempre tive medo de chegar um dia em que eu não corresponda exatamente a seus critérios, de ser abandonada, de repente, por ele". Quando a auto-estima passa pelo outro é porque a pessoa não se ama, nem ama o outro.

"Ele sente desejo por ele próprio, mas na ignorância de si mesmo." Ver no outro um espelho — se você for lindo, eu serei linda e se você for linda, eu serei lindo — e considerar o outro como um espelho — diga-me que sou linda(o) — é uma forma de correr atrás de uma imagem de si que vem reparar aquela que é a nossa, ou seja, uma imagem lastimável. É uma forma de mostrar uma vida que não se tem, um amor que não se vive. Um amor que, na maior parte das vezes, nunca chegou a ser vivido.

Se alguém tem amor apenas por si mesmo é que foi mal-amado. Ele não cessa de exigir o amor que não chegou a receber. Não tem lugar para o outro já que, para ele, nunca houve um outro. Um outro dotado de um verdadeiro olhar, de uma atenção que viesse a transformá-lo em uma pessoa em sua inteireza: uma expectativa que respeita seu desejo e não o de um outro. "Meu querido, minha querida, faz o que *eu* penso ser bom para você. Faz isso *por* mim". É assim que alguém, ainda criança, pode fazer parte do sonho de um outro; e, ao tornar-se adulto, continua a entrar no quadro sonhado pelo ser amado para ser-lhe agradável. Deste modo, nossas "vidas de sonho" podem corresponder ao sonho de um outro, e não ao nosso. "Tenho uma vida de sonho que não é o meu, mas o dele".

"Sei que temos uma vida que poderia ser a realização de um grande sonho; mas, não me sinto amada." As aparências, assim como os discursos falsos, ocultam a pobreza de intercâmbio e de amor partilhado. A riqueza é apenas algo de exterior.

Homens e mulheres não deixam de exprimir seu amor, assim como ouvem sem parar tal declaração por parte dos parceiros: no entanto, o gozo existe apenas na convicção criada por eles próprios de que vivem um grande amor. Será que isso corresponde à sua vivência? Não haverá mais amor nas declarações do que na vida? Uma enxurrada de palavras pode mascarar um grande vazio, a morte dos sentimentos.

Poetas e músicos cantaram o amor por suas amadas; no entanto, havia mais amor em suas palavras que em seu coração. Eles próprios experimentavam mais amor por suas belas palavras que por suas lindas amadas. Tendo sido presenteada por Aragon[25] com um grande número de declarações de amor, Elsa chega a afirmar, a respeito do poeta, esta linda expressão: "Ao perguntar-lhe se estou causando algum incômodo, você responde: 'Com certeza, estou escrevendo um poema sobre Elsa'". Gosto de pensar em você, exprimir o quanto eu o amo, como o meu amor é lindo; por gentileza, não venha incomodar-me.

Uma pessoa pode ficar confinada na lenda que ela cria para si própria: muito mais importante do que viver é ser e permanecer um casal ideal para os outros. A imagem exibida por um grande número de casais é tão perfeita que os outros têm dificuldade em compreender sua separação. A distância instalada, paulatinamente, foi preenchida com a narrativa de uma história que não correspondia à vida em comum: uma história relatada com sinceridade, tanto na arte de dissimular quanto na arte de inventar. Aragon não fará referência a este aspecto quando utiliza a expressão "o mentir que aparenta ser verdade"?[26]

Nesta *mentira*, ou seja, a realidade revisitada por um olhar enganador, não é aconselhável aproximar-se demais nem de sua verdade,

---

25. Louis Aragon (1897-1982), poeta e romancista francês, foi um dos fundadores do surrealismo; com sua adesão ao partido comunista, orientou seus romances para a crítica social, sem deixar de cultivar o lirismo tradicional, por exemplo, nos seus livros *Mágoa de amor* (1941) e *Os olhos de Elsa* (1942) (N.T.).

26. No original, "mentir-vrai" (N.T.).

nem da verdade do outro: no pressuposto da presença assídua do outro, o fato de reservar o tempo suficiente para observá-lo e viver a seu lado poderia levar ao reconhecimento de que ele deixou de corresponder à idéia que se faz dele. Eis o que Elsa escreveu para Aragon: "Acima de tudo, convém estar precavido para evitar qualquer tipo de atividade em sua companhia." Gosto tanto de amá-lo, mas sem você.

Se viver com o outro é, na realidade, viver apenas consigo mesmo, será que isso é amar?

"Adão conheceu Eva." Conhecer: deitar a mão. Aceitar ser tocado, ficar impressionado, ser alcançado, incomodado.

Aceito que você me toque, desperte minhas emoções. O dois é relação. O dois é movimento; de um para o outro e de cada um em direção a si mesmo. A única possibilidade de nos conhecermos é deixar que o outro nos "coloque a mão", na nossa pele e nas nossas dores: nosso corpo, nossa vida, nossa história, nossos segredos.

O outro guarda na concha da mão uma verdade de si que nos é desconhecida; no côncavo de seu ouvido, palavras que, sozinhos, não teríamos conseguido escutar; no vazio de seus braços, uma doçura que, sem ele, teria permanecido oculta para nós. Todo encontro não será a evidência de um reconhecimento mútuo? Reconheço você porque você me reconhece. Você me reconhece porque eu o reconheço.

"Eu já o conhecia bem, antes de nosso encontro." Teríamos encontrado esta mulher, este homem – cujo olhar, sorriso, gestos são tão familiares – por pertencerem à mesma "família" de alma e de pensamento, ou tornaram-se familiares para nosso olhar em decorrência de nosso enorme desejo de que sejam conformes à idéia que fazíamos a seu respeito? A resposta não é fácil; na maior parte das vezes exige um tempo bastante longo. Somente o tempo torna evidente – e, ainda assim, o amor pode permanecer obcecado – quem é, realmente, o outro e como gostaríamos que ele fosse. "Como foi possível deixar-me enganar assim, tanto mais que eu tinha a certeza de conhecê-lo muito bem?"

O conhecimento do outro é uma descoberta de cada instante. É impossível conhecê-lo de uma só vez; há sempre a possibilidade de re-conhecê-lo de um modo mais perfeito do que anteriormente. Com efeito, o outro permanece, quase sempre, um desconhecido para o parceiro que, por sua vez, sente que é desconhecido. Quantos sofrimentos e fontes de equívocos se interpõem entre nosso olhar e a realidade do outro? Quanta felicidade, também – felicidade sonhada, felicidade do passado –, leva a comparar o incomparável e impedir de viver o que temos para viver. Vemos o outro com os olhos da expectativa decepcionada, do desejo incompreendido, da esperança não realizada. O mesmo é dizer que, realmente, não o vemos.

Em seu lugar colocamos o remorso, a expectativa, a decepção e a desilusão. E contentamo-nos com isso, aceitando uma situação em que as interpretações são equivocadas; nem que seja pelo fato de que ele nos machuca. Cada um fica confinado na sua própria história; o outro é apenas um pretexto para vivê-la e revivê-la. Há uma espécie de perda dos sentidos.

Em relação ao outro e, sobretudo, em relação a si, ao essencial de si mesmo. Tudo foi esquecido: seus desejos, suas alegrias, seu potencial de amor e de generosidade. Sua capacidade para amar e ser amado. Permitimos que nossos sonhos se dissipem, que o belo e o bom desapareçam. Com efeito, evitamos olhar além do que é conhecido. Além da infelicidade já conhecida. Além do outro, tal como julgamos conhecê-lo. E além de nós mesmos, tal como acreditamos ser. Às vezes, perdemos o outro de vista – já *não desejamos* ou *não podemos vê-lo* – antes de considerá-lo com um olhar mais benevolente.

E os parceiros perdem-se de vista antes de voltarem a encontrar-se em condições de ver o outro tal como é.

Recuperar os sentidos é aceitarmos que o outro seja alguém diferente do que imaginávamos e deixarmo-nos *tocar* por aquilo que, no outro, ainda era desconhecido para nós: ficarmos encantado, maravilhado, assim como subjugado e, às vezes, transtornado. Recuperar os sentidos é, igualmente, deixarmo-nos *tocar* pelo que ainda continua desconhecido em nós, algo de diferente: deixamos entrar o outro, algo de diferente, em nossa vida. Deixamos que o outro nos faça outro.

O amor é o relacionamento; e o relacionamento, o fim de um discurso fechado em que o "eu" não deixa lugar para o outro. Um "eu" que se interessa apenas por ele próprio, mesmo quando se aventura em dirigir-se a um "tu". "Quando ela me fala, tenho a impressão de que está falando sozinha. Faz perguntas, mas não tem tempo para escutar minhas respostas." Algumas pessoas não param de falar; entretanto, na realidade, cortaram qualquer verdadeira comunicação com o outro. A conversa torna-se um fundo sonoro que serve de anteparo para o essencial: em vez de levar a um conhecimento mais profundo do outro ou de facilitar o conhecimento de quem toma a palavra, seu objetivo é impedir que a pessoa se revele; o volume de palavras cria uma distância e não permite o silêncio, evitando assim a reflexão e a partilha. Fale-me a seu respeito; mas não tenho interesse em saber o que se passa com você.

"Ele pede a minha opinião, mas não quer escutar o que digo." Qualquer fala do outro pode ser vivenciada como um perigo potencial: é intrusiva e invasiva. Ela poderia reabrir as feridas do passado que não chegaram a cicatrizar-se e que, a qualquer instante, podem ser reavivadas. Se for uma crítica, desmonta a idéia que a pessoa tem de si mesma; mas, se for considerada decepcionante, interfere na idéia que a pessoa tem do outro. E, ainda neste aspecto, através do outro, a idéia que a pessoa tem de si mesma: se você não é tal como eu o(a) imaginava, fico decepcionado(a) por ter acreditado em você e perco a imagem ideal que me inspirava confiança. Eu gostava do sentimento que experimentava por você. Eu gostava de amar você. Era por você que passava minha auto-estima.

Quem *toma a dianteira* e não pára de falar de si mesmo pretende, na realidade, evitar qualquer confronto com o outro e com ele próprio. Sente um medo terrível de deixar de ser amado, ao escutar palavras e pensamentos que possam reavivar esse sentimento. Cria um espaço, interditado a todas as pessoas, com receio de reviver as sensações penosas de um passado que pretende esquecer. Por se tratar de um relacionamento, de um movimento e de uma emoção, a vida, através do outro, provoca-lhe um grande "impacto". "Eu gostaria de conhecê-la melhor, mas ela impede minha aproximação." Quem sente demasiado medo de não ser amado, evita que alguém o ame.

"Nunca posso exprimir tristeza, nem raiva. Sinto que ele é bastante frágil; fica impressionado pelo mais insignificante incidente." O sofrimento de grande número de pais e mães nem sempre é manifesto, mas faz-se entender, para além das palavras, à flor da pele. Eles são *suscetíveis*: o mais insignificante comentário que lhes seja dirigido provoca, de imediato, reações desmesuradas. Choram, ficam irritados ou fecham-se em um silêncio reprovador; ou, então, dissimulam sua sensibilidade por trás da afirmação de uma autoridade e de uma recusa, de uma ironia ou de reflexões mordazes que não deixam lugar para a menor contradição. O outro fica sem a possibilidade de exprimir-se.

Crianças que se tornaram adultos aprendem, assim, a calar-se, guardando para si mesmas os próprios pensamentos e desejos. Mais tarde, a auto-afirmação desperta nelas um sentimento de culpa: se tiverem de tomar posição, é sempre à custa de um outro. Dizer que elas sofrem é uma forma de machucá-las. "Tomei a ousadia de exprimir-lhe o que me preocupa; mas, depois, não parei de chorar. Eu sentia dor pelo sofrimento que, eventualmente, lhe tivesse causado." Se eu falo, machuco você; se me calo, sou eu que sofro. O que fazer?

No face-a-face, o dois é confronto: afirmação de duas verdades, e não submissão de uma à custa da outra. Eis como, no livro *Isha*, Pauline Bebe comenta a expressão "uma auxiliar que lhe corresponda": "Literalmente, 'contra ele', seja no sentido da proximidade ou da oposição; estes dois termos contraditórios descrevem, sucintamente, as relações entre o sexo masculino e o sexo feminino, fazendo alusão à atitude ambivalente do autor em relação às mulheres".

Mas, será possível a existência de um sem o outro: para aproximar-se, não será necessário ter a possibilidade de se opor? Para dizer "sim", não será necessário saber dizer "não": para ficar "pegadinho"[27], segundo a expressão de Guitry, é necessário estar, às vezes, no lado contrário[28].

Mesmo que encontremos alguém que se pareça conosco, cada um de nós é único: por conseguinte, é impossível que seu modo de pensar, viver e amar seja como o nosso. Mas como saber onde se encontra nossa diferença se não damos um ao outro a possibilidade de exprimi-la? Sem agressividade, nem violência, mas com doçura e respeito, reservo o tempo e assumo o incômodo – às vezes sofro ao escutar seu sofrimento – de escutar e entender suas alegrias e dificuldades. E reservo-me o tempo – é difícil dizer certas palavras – de exprimir o mais clara e simplesmente possível meus sentimentos profundos, meus desgostos, minha felicidade e meus desejos. Em vez de partir do princípio

---

27. No original "tout contre" (N.T.).
28. No original, "contre" (N.T.).

de que você sabe tudo a meu respeito, ou de que sei tudo a seu respeito, aprendo a conhecer-me e a conhecê-lo melhor.

"Eu o conheço melhor do que a mim mesma. Faça o que fizer, não me causaria espanto." Aquele(a) que fala assim acredita conhecer o outro, certamente por ter conhecimento do tipo de suas reações: o que lhe dá prazer, mas sobretudo o que desperta nele(a) desprazer, tristeza ou raiva. Confinou o outro – e confinou-se com ele – em uma rotina em que tal ato, gesto ou fala dá lugar a tal ato, gesto ou fala. Os dois parceiros desempenham sempre o mesmo papel, segundo o esquema infernal de uma repetição sem fim. O que se aprende, então, a respeito de si mesmo e a respeito do outro? Nada. A menos que seja, em cada vez, a certeza de não se afastar do que se conhece ou acredita conhecer, a respeito do outro e de si mesmo. O que já é conhecido e fonte de infelicidade precede a felicidade ainda desconhecida.

Se um dos dois encontra um novo parceiro, acaba descobrindo uma parte desconhecida de si mesmo. Tendo abandonado um pretenso saber a respeito do outro que o impedia de crescer, ele torna-se capaz de sentir profundamente, viver e exprimir com palavras algo que, anteriormente, parecia estar fora de seu alcance. "Em sua companhia, perco minhas referências. Empenho-me, todos os dias, em tornar nossa vida mais agradável. Antes, eu deixava de prestar atenção ao que já fazia parte de minha experiência; assim, verificou-se uma paulatina deterioração de nosso relacionamento". Se uma vida é insuficiente para chegar a um total autoconhecimento, como imaginar que seja possível conhecer um outro melhor do que a si mesmo? É reduzi-lo ao mesmo, negar sua diferença, não em relação a si, mas para ele próprio. É recusar-lhe qualquer possibilidade de evolução: você permanecerá para sempre aquele que é. O fato de deixar o outro tornar-se outro é um presente recíproco.

"Há mais de trinta anos que vivemos juntos; e, em cada manhã, eu acordo com um desconhecido a meu lado." O amor não será o mais lindo caminho para que alguém consiga conhecer-se através do outro, ajudando-o a conhecer-se melhor? Neste caso, estamos abertos ao campo, cada vez mais amplo, de tudo o que, juntos, ainda temos para descobrir.

"Homem e mulher, Ele os criou." Homem e mulher em sua diferença e em sua complementaridade. A mulher tem necessidade do homem que, por sua vez, tem necessidade da mulher. Em primeiro lugar, cada um pode encontrar em si mesmo esta aliança do dois, masculino e feminino. E, assim, reencontrar a unidade perdida, dividida, "diabolizada" (*diabolos*, termo grego, cujo significado é "aquele que cria a desunião").

"Como imaginar que seja possível chegar a entender-me com um homem, quando todas as mulheres da minha família só têm conhecido o sofrimento?" Entre "tu" e "eu", o "tu", objeto de meus sonhos, e "eu", tal como a vida me fez — ou desfez —, quantas feridas, dores e raivas a serem varridas diante da minha porta para deixá-lo entrar na minha vida, na minha história? A mulher que está em mim pede apenas para viver. Mas será que ainda posso te amar?

Entre "tu" e "eu", o "tu", a mulher ideal, há tanto tempo procurada por mim, e "eu", cansado de ter acreditado, com tanta freqüência, encontrá-la para perdê-la, mesmo quando ainda estavas comigo, que caminho devo percorrer para reencontrá-la, reconhecê-la e abandonar-me à felicidade de te amar?

Antes de conseguir a reconciliação entre o feminino e o masculino que cada um carrega em si, quantas discórdias, sofrimentos e mal-entendidos deverão ser dissipados?! Antes de abrirmos a porta para receber em nossa casa o ser amado, quantos pensamentos e idéias devem ser jogados fora, de quantos objetos – símbolos de um passado demasiado entulhado – devemos nos liberar e quão grande deverá ser o vazio a criar para permitir uma vida renovada? Para empurrar a porta e entrar na casa do ser amado quantos medos deverão ser abandonados, quantos desgostos e obsessões deverão ser lançados longe, para bem longe?

"Quando entrei na casa dele, suas paredes estavam cobertas com fotos de seu passado. Eu não tinha lugar na sua vida." As imagens do passado nem sempre são visíveis à primeira vista; apesar disso, não deixam de servir de anteparo para um verdadeiro relacionamento. "Eu não queria proceder como meu pai, ou seja, ter uma mulher sem amor por mim ou, pior ainda, cujo amor se encontra em outro lugar. Uma mulher com um tom de voz e uma atitude que são a própria expressão de desprezo e exasperação". Existirá algum homem que possa desejar tal situação? Nem tal pai a havia desejado. Do mesmo modo, a mãe que vê a filha criticar, de modo violento, sua vida de mulher não havia escolhido viver desse modo; ela não soube, ou não pôde, agir de maneira a criar uma situação diferente. Ao rejeitarem, energicamente, a vida dos pais, os filhos manifestam seu receio de viver o mesmo tipo de peripécias. De revivê-las porque eles já as haviam *vivido*.

Se o pai e a mãe levam uma vida submissa, os filhos hão de passar, à sua maneira, por essa submissão. Sua vida amorosa é poluída por um relacionamento que não lhes pertence e é carregado por eles. "Para assumir um compromisso com uma mulher, tenho necessidade de confiar em sua fidelidade; como não tenho essa certeza, vivo sempre duas histórias ao mesmo tempo". O medo de reviver situações semelhantes àquelas vivenciadas pelo pai e pela mãe é *visceral* e não obedece à lógica, nem à razão. Voltar a encontrar confiança em uma relação única exige que a pessoa encontre em si uma qualidade de união – que nunca existiu – entre o pai e a mãe. Que a pessoa consiga reconciliar o pai com a mãe.

Em compensação, quando os pais vivenciaram um relacionamento de amor, os filhos encontram maior facilidade em *repetir* uma vida amorosa bem-sucedida e feliz; carregam em si a harmonia possível de um deles. Para aqueles que apenas conheceram conflitos, mesmo que a vida a dois seja desejada ardentemente, ela não pode ser senão fonte de divergências. "Eu gostaria tanto de conhecer a doçura de uma vida feliz a dois. No entanto, vivo no meio de dramas e brigas. Quando vejo a troca de beijos de um casal fico com a impressão de que se trata de algo bem simples; mas, para mim, é sempre complicado".

Do mesmo modo, para aqueles que sofreram por causa da ausência, o outro só pode estar ausente. "Quando tenho necessidade dele, não consigo encontrá-lo; aliás, essa mesma situação ocorreu com meu pai". Ao ser exigido um tempo demasiado longo para a satisfação de algumas necessidades, estas deixam de exprimir-se e, até mesmo, de serem desejadas. O outro esteve e continua a estar ausente, mesmo contando com sua presença, sua escuta e sua atenção pelo outro. De que serve exprimir-se para nunca ser escutado? E como será possível saber o que é bom para si, sem um outro que possa, não propriamente, dar-lhe plena satisfação, mas, pelo menos, estar à sua escuta?

Este outro é já nós mesmos. Podemos estar à nossa escuta: não conhecemos as qualidades daquele(a) que estamos prontos a amar e que está pronto(a) a amar-nos? Podemos exprimi-las para nós próprios; inscrever-nos na sensação de sua presença, do que ele é, como se ele estivesse presente. Se nos encontramos em uma "vibração" semelhante à sua, ele poderá reconhecer-nos: o outro é sempre o espelho de nosso estado de ser. Se estou já pronto(a) para amá-lo, do mesmo modo você estará pronto(a) para mostrar seu amor por mim.

Ao imaginar tal situação damos um passo para a frente, ao seu encontro. Mas também um passo para a frente, ao encontro de nossa felicidade: imaginamos quem possa tornar-nos felizes. Afastamo-nos do nosso passado, abandonamos nosso imaginário familiar, do mesmo modo que saímos de uma história que deixou de ser a nossa. Para entrar em outro imaginário em que cada um realiza em si mesmo o casal equilibrado e harmonioso entre seu aspecto masculino e seu aspecto feminino.

"Ele fez de mim uma mulher." No entanto, sem a contribuição da mulher, um homem não poderá transformá-la em *uma mulher*. Ela deixou de ser a mulher submissa que libera, ou retira — por receio ou negação de sua feminilidade —, todo o espaço ao outro. Uma mulher que, não tendo feito a paz com seu aspecto *masculino* por excesso de autoridade paterna ou, pelo contrário, em decorrência da imagem de um pai "que não soube impor-se", acaba por não saber impor-se, nem deixar que o outro se imponha. "Sei que, sob a aparência feminina, eu tinha um comportamento masculino. Eu é que sempre tomei as decisões. Eu pretendia controlar sempre a situação por receio, à semelhança de minha mãe, de ser dominada. Agora que deixei de ter medo de semelhante situação, deixo o outro orientar-me por caminhos desconhecidos; e isso é bom". Ao ser capaz de conduzir a vida por si mesma, a mulher aceita ser conduzida.

Do mesmo modo, um homem apaziguado com seu aspecto feminino deixa de ter necessidade de fugir da mãe castradora, culpabilizante ou invasiva. Ele pode acolher sem perigo o mistério de seu mundo interior e deixar falar sua sensibilidade, sem confundir fragilidade e fraqueza, ternura e covardia, emoções e pieguice. "Agora, posso falar de meus sentimentos. Que felicidade, que libertação! As palavras deixaram de estar soterradas na minha garganta e já não sinto desejo de fugir se alguma coisa me incomoda. Minha comunicação com os outros é muito mais rica e viva". Na intimidade reencontrada consigo mesmo, a intimidade do outro deixa de ser uma ameaça. Um verdadeiro diálogo pode ser instaurado.

Um verdadeiro diálogo em que cada um permite que o outro se exprima. Com efeito, uma mulher não pode deixar viver sua feminilidade diante de um homem que permanece aterrorizado pelo *feminino*, nem um homem afirmar sua virilidade diante de uma mulher que, incessantemente, critica o que ele é e faz, além de destruir seu entusiasmo, chegando inclusive ao ponto de humilhá-lo. Um verdadeiro diálogo supõe que os parceiros tenham *deixado os respectivos pais e mães* – no sentido de um face-a-face interior que conhece apenas a relação de dominação-submissão – para terem a oportunidade de viver um possível face-a-face, em pé de igualdade. Ou cada um procede ao coroamento do outro: cada um reconhece no outro um rei e uma rainha.

"'Eu te amo': essa era a fórmula da sagração, enquanto cada um colocava a coroa sobre a cabeça do outro, investindo-o de uma superioridade que, nem por imaginação, poderá ser desafiada por alguém dotado de todos os dons possíveis, tampouco por quem tenha sido beneficiado de todas as graças", escreve Nathalie Sarraute[29].

Mas quantos "reis" – aliás, sem envergadura – pretenderam reinar sozinhos: as damas que poderiam ter sido rainhas foram colocadas *a seu serviço* e não *em face deles*. Um exemplo é fornecido por Gustav Mahler que, por ocasião do casamento, dirigiu à esposa, Alma, estas palavras: "Um casal de compositores seria ridículo". Assim, de acordo com o comentário de Florence Montreynaud, ele atribuiu-lhe uma

---

29. Escritora e dramaturga francesa de origem russa (1900-1999), foi uma das iniciadoras do *nouveau roman*; sua obra permite ultrapassar a oposição entre interioridade e exterioridade, entre sujeito e objeto, mostrando que a linguagem literária não expressa nenhuma realidade preexistente (N.T.).

única "profissão": torná-lo feliz. "Você deve entregar-se a mim sem condições, submeter sua vida futura às minhas necessidades e desejar tão-somente meu amor [...] daqui em diante sua música é a minha..." Certo dia, Alma, tão linda e talentosa, solta seu desespero: "Muitas vezes, tenho a impressão de que me cortaram as asas. Gustav, por que você me acorrentou aqui – eu que sou um pássaro ébrio de vôos e de coloridos cintilantes –, quando uma gansa branca teria satisfeito perfeitamente seu desejo"? E ele respondeu: "Você é uma gansa".

Uma resposta que nos deixa arrepiados e, em poucas palavras, exprime uma quantidade de frustrações do passado. Como é que uma mulher pode pedir a um homem para coroá-la quando, antes dela, foi tão reduzido o número de coroadas e quando ela carrega ainda na cabeça e no coração essa incapacidade para receber a coroa? Ninguém poderá transformá-la em uma rainha se ela não chegou a reconhecer-se a si mesma como tal. E, não sendo rainha, será que ela poderá transformar um homem em seu rei?

Uma mulher reconhecida na plenitude e beleza de seu feminino e não tendo necessidade de combater para existir, tal mulher aceita a virilidade de um homem a seu lado. No entanto, desde que se sente ameaçada em sua existência, não somente de mulher, mas de ser humano, ela luta contra a tomada de poder que pode ser a de um homem. E se há exagero em suas reações, ela vai impedi-lo de *ser um homem*. Em cada um de seus atos ela enxerga dominação e repressão; por sua vez, ela pretende dominar e reinar como único dono da casa. Sua existência depende da não-existência do outro. Ela só consegue exprimir-se reduzindo-o ao silêncio. Do relacionamento a dois ela conhece apenas esta alternativa: mestre ou escravo. Com efeito, desconhece que é possível vivê-lo sem mestre, nem escravo.

O texto do Gn, escreve Pauline Bebe, "apresenta duas narrativas da criação que, segundo a crítica exegética, são atribuídas a duas fontes diferentes. Na primeira, a mulher é criada ao mesmo tempo que o homem sob o nome genérico de 'adam': ser humano. Os dois são criados à imagem de Deus. A humanidade aparece sob duas formas: feminina e masculina. Em sua complementaridade, esta humanidade é um reflexo da divindade. A união dos dois é sagrada. E a mulher encontra-se em pé de igualdade com o homem.

"Mencionada uma única vez na Bíblia, esta mulher é Lilith, que não teria aceito a posição dominadora do homem...

"Por sua vez, o segundo relato apresenta a criação da mulher como remédio para a solidão do homem. Neste caso, a mulher é criada a partir do lado ou da costela[30] do homem. Segundo o Midraxe (Gn R, 18,2...), Deus teria 'decidido criá-la a partir não da cabeça de Adão com medo de que ela viesse a ser pretensiosa, nem de seu olho com receio de que se tornasse curiosa, nem de seu ouvido com temor de que fosse indiscreta, nem de seu pescoço com medo de que viesse a ser arrogante, nem de sua boca com receio de que fosse maldizente, nem de seu coração com temor de que se tornasse ladra, nem de seu pé com medo de que viesse a ser prostituta, mas da costela, parte modesta de Adão [...]. Apesar disso, ela concentra todos os defeitos'".

Ela é *o outro lado*, o homem e a mulher formam uma só coisa e cada um carrega em si uma parcela de macho e de fêmea. Antes de tudo, esta mulher — chamada *Isha* — será nomeada pelo homem, Eva: *Hava*, ou seja, palavra derivada da raiz *Hai*, a vida. Ela torna-se mãe.

> Ganhei um homem,
> com a ajuda do Eterno (Gn 4,1).

---

30. Em francês, os termos "costela" e "lado" são homógrafos: "côte" e "côté", respectivamente (N.T.).

Na origem do mundo, teria havido duas mulheres: Eva, ao lado do homem, o outro lado do homem, que dá a vida; e Lilith, igual e unida a ele por meio de um vínculo sagrado. A primeira união é fecunda, enquanto a segunda é abençoada, a encarnação na união da presença divina. A primeira abre para o conhecimento, mas será portadora da falta. Por sua vez, a segunda não se submete, ela é o *alter ego*, aquela que fala em face do homem, em pé de igualdade: em vez de se apagar, ela faz frente e, se necessário, ataca de frente.

Não será que a mulher é Eva e Lilith, a um só tempo, fértil e igual? Na partilha e na criação, no dar à luz um filho, uma obra, pesquisas, sonhos.

"Eu os levava para um mundo de sonhos, enquanto eles me forneciam os alicerces para construir meus sonhos." Assim falava Niki de Saint Phalle[31] a respeito dos homens que a ajudavam a criar e, mais precisamente, de Tinguely[32]: "Ele é o meu lado positivo, é único no mundo; por si só, uma turbogeração". Juntos, eles criaram "compartilhando funções: o homem ocupa-se da mecânica, do motor e da eletricidade, enquanto a mulher se dedica às formas, volumes e cores."

Outra bela imagem de complementaridade é ilustrada por Pierre e Marie Curie[33], através da articulação entre as pesquisas de dois especialistas: ele, em física, e ela, em química. O trabalho de ambos é

---

31. Pintora e escultora francesa (1930-2002), membro do grupo dos "novos realistas", na década de 1960; ela é conhecida por suas "Nanas" [amantes, na linguagem popular], profusamente coloridas e opulentas até atingir o gigantismo (N.T.).

32. Jean Tinguely (1925-1991), escultor suíço e um dos "novos realistas", é autor de máquinas fabricadas no espírito dadaísta que chegam a suscitar inquietação. Com Niki de Saint Phalle ele elaborou, em particular, a Fonte Stravinsky (1983), perto do Centro Nacional de Arte e de Cultura Georges Pompidou, em Paris (N.T.).

33. Marie Curie (1867-1934), física francesa de origem polaca, Prêmio Nobel em Física (1903) e em Química (1911), descobriu o rádio, em colaboração com o marido, Pierre Curie (1859-1906), físico francês, Prêmio Nobel em Física (1903) (N.T.).

empreendido em comum, segundo é confirmado por suas anotações, nas quais se verifica a mistura das duas escritas, além de suas numerosas publicações, assinadas quase sempre pelos dois nomes. Pesquisavam, noite adentro, *um em face do outro*.

"Homem e mulher, Ele os criou." Em sua similitude, dois seres que podem caminhar juntos e chegar a uma compreensão mútua. Em sua complementaridade, cada um por sua vez, dois seres capazes de criar. Uma criação em contato com a fonte: o Um criador na origem de sua união, de sua unidade reencontrada. E, segundo a expressão de Yvan Amar, a fim de "realizar com um homem e com uma mulher, *o nascimento extremo*: dar à luz o Um a partir de dois".

II

As metamorfoses do desejo

"Não tenho marido"

Catherine Bensaid

> — *Vai chamar teu marido e volta aqui.*
> — *Eu não tenho marido, respondeu a samaritana.*
> *Ao que Ieshua retrucou: Disseste bem que não tens marido. De fato, tiveste cinco maridos e o que tens, agora, não é teu marido* (Jo 4,16-18).

"Agora que estou casada, sinto uma solidão ainda maior do que no período em que estava sozinha." Esta mulher poderia afirmar: "Estou casada, mas *não tenho marido*; não tenho o marido que corresponde a minhas expectativas". Do mesmo modo que um homem pode dizer "*não tenho mulher*: estou casado, mas não tenho a mulher que corresponde a meu ideal". A mulher fica à espera do príncipe encantado que, por sua vez, está à procura da mulher ideal. Será que, um dia, ocorrerá esse encontro?

Na época do casamento, o homem e a mulher pensavam ter encontrado a mulher ideal, o príncipe encantado. Ambos sentem, agora, a falta da metade que julgavam ter encontrado: aquele ou aquela que, finalmente, viesse preencher sua carência. Eles esperavam tudo desse parceiro e, agora, sua partilha é nula; ou irrisória ao compará-la com sua expectativa. "Eu tinha amor pelo amante que ele era. Agora, deixei de amar o homem que se tornou meu marido"; "Ao encontrá-la, pareceu-me ser a mulher ideal. Ela era tudo o que me agradava: amorosa, alegre, prestativa, curiosa em relação a tudo. Conversávamos horas a fio. Depois de nosso casamento, só consigo enxergar seus defeitos". Meu marido, minha mulher: você está perto de mim, mas não tenho marido, não tenho mulher.

Cada um julgava que era suficiente ser dois para não ficar só. E eis que se encontram submersos em uma solidão ainda mais forte na medida em que está marcada por uma nova desilusão. O que se passa, ou o que eles teriam deixado acontecer, para que o contrato – no caso concreto, o de casamento – não esteja sendo cumprido de acordo com sua expectativa? O conteúdo das promessas não foi cumprido, a saber: uma vida feliz a dois. Algo está faltando, algo de essencial, que leva a pensar que não era deste modo que eles viam a vida de casal; não era esse o marido – ou a mulher – correspondente a nosso desejo. Mesmo que compartilhemos a vida, você não foi feito para mim, nem eu para você; ou, pelo menos, você não é aquela pessoa que corresponde à minha expectativa, aquela de quem eu andava à procura.

"Esperei durante muito tempo por você; você iria mudar minha vida. E esperava tanto de você, quase tudo. Eu já havia conhecido outros homens com quem mantive encontros efêmeros. Eu era, como se diz, uma mulher sozinha e sentia-me infeliz: por mais agradáveis que pudessem ter sido minhas experiências, eu continuava à espreita de outra oportunidade. A vida, a minha vida, encontrava-se em uma situação de expectativa: como se se tratasse de uma longa preparação para um futuro provável, mas incerto. Uma terra em pousio, pior ainda, abandonada. O amor deveria transformar-me em uma verdadeira mulher e transformar minha vida em uma verdadeira vida de mulher." *Não tenho marido*: agora, que estou casada, ainda não sei o que é ser uma mulher. Nem o que significa ter uma verdadeira vida de mulher.

"Desde sempre, estive à procura de você que será minha companheira. Já conheço tanto a seu respeito que sua imagem tem aparecido, freqüentemente, em meus sonhos. Você será minha amável esposa, minha amante e minha confidente. Você será aquela mulher que poderá encontrar conforto no meu ombro; além disso, minhas falas saberão fortalecer sua confiança. Você estará pertinho de mim: tão jovem na inocência de sua beleza e tão amadurecida pela experiência inata, cujo segredo pertence à mulher. Você será minha mulher, aquela pessoa que me dará o desejo de viver e avançar cada vez mais longe em meus empreendimentos." *Não tenho mulher*: agora que estou casado, sinto-me órfão de uma doçura materna, solitário na minha vida cotidiana de homem; além disso, meu desejo permanece vacante do que poderia despertá-lo e satisfazê-lo.

Assim, mesmo estando casado, como a samaritana, e tendo vivenciado anteriormente a experiência de cinco casamentos — ou cinco vezes a esperança de que, desta vez, foi encontrado o parceiro "ideal" —, é ainda possível pronunciar estas palavras: Não tenho marido ou não tenho mulher. Pronunciá-las para nós mesmos, na intimidade de nossos pensamentos, ou deixarmos que sejam apercebidas por quem sabe ler em nós melhor do que nós próprios. Jesus tem o dom de ver, através dessa mulher, a verdade; deste modo, a samaritana consegue reconhecê-lo. "Senhor, vejo que és um profeta!" E, mais adiante: "Vinde ver um homem que me disse tudo o que eu fiz. Não será ele o Cristo"? Existe uma verdade que é vivenciada para além das aparências e que o social — as contingências, conveniências e convenções — conserva como uma máscara utilizada por cada um e que acaba por se tornar crível; no entanto, um dia, ela já não poderá permanecer escondida, nem que seja para a própria pessoa.

Apesar de estarem casados, legalmente e para a sociedade, uma mulher e um homem podem, na realidade de seu desejo, *não ter* um marido, uma mulher. Eles chegam a experimentar, inclusive, sentimentos profundos em relação ao marido ou à mulher, mas não cessam de questionar a pertinência desse vínculo. Às vezes, já não se reconhecem e chegam a detestar o que são atualmente: "Em determinados momentos, amo a mulher que está casada com este homem. Feminina, leve, essencialmente preocupada, e feliz, em agradar-lhe. Sou a mulher que corresponde à sua expectativa. Em outras ocasiões, essa mulher me aborrece e eu poderia mesmo dizer que ela me atraiçoa: deixou de ter semelhanças comigo. Acabei perdendo minhas referências a seu respeito". "Às vezes, divirto-me com ela, podemos rir de tudo e acho que é bastante sensual. Sinto orgulho nela e em nós. Mas, muitas vezes, fico com a impressão de que falta-nos a vontade para fazer alguma coisa juntos; aliás, sinto-me incapaz de tomar qualquer iniciativa em relação à minha vida". Salvo em determinados momentos, nem sempre temos a sensação de estarmos casados.

Na maior parte das vezes, cada um atribui a culpa ao outro: ao seu comportamento e, até mesmo, ao que ele é. "Tenho afeição por ele, mas...", "Sinto amor por meu marido, mas acabei detestando a vida em sua companhia. Não me dá a mínima importância, nem se interessa pelo que sou, pelo que estou vivendo e pelo que tenho vontade de viver", "Amo minha mulher, mas detesto suas atitudes atuais: falta-lhe o tempo para viver, está continuamente ocupada com seu trabalho ou com as tarefas domésticas. Acabei perdendo minhas referências a seu respeito". Eu o amo; no entanto, em você, em nós, vejo apenas frustrações e insatisfações.

Será que os homens e as mulheres estão insatisfeitos porque não encontraram *a pessoa conveniente* — tal homem ou mulher com quem seja possível ser feliz — ou, então, nada, nem ninguém poderá preencher uma carência de amor que os acompanha desde sempre? Uma carência de amor que, às vezes, acaba servindo de companheiro: convive-se há tanto tempo com ela que, agora, tornou-se difícil evitá-la. Ao ocupar todo o espaço, ela retira a liberdade de amar: sua presença impede que um outro real e amante possa estar presente. "Já me resignei à idéia de que não tenho direito ao amor". Aquele ou aquela que sofrem por terem sentido a falta de amor vivem com a dolorosa sensação de um amor sempre insatisfeito, como se tal situação correspondesse, inevitavelmente, a seu destino.

Com essa convicção de uma carência oriunda do passado, cuja tendência é perpetuar-se em um relacionamento presente ou futuro, essas pessoas não estarão condenadas a reviver outras carências e faltas de amor, assim como a impossibilidade de amar, de ser? Aqueles que se sentiram mal-amados têm uma enorme dificuldade para amar: a carência do passado infiltra-se em todo o relacionamento, tornando-o *impossível*. Com efeito, eles não cessam de atribuir ao outro a responsabilidade por essa carência, acusando-o por não lhes ter dado o que, anteriormente, já lhes tinha sido recusado por outros. "Você é que não sabe dar-me aquilo de que sinto necessidade". Acusam o outro por sua falta de amor quando, afinal, são eles que não sabem — ou não conseguem — amar. Mas, estão convencidos do contrário: "Sei como se deve amar, mas você não sabe". Do mesmo modo, quantos se queixam da falta de desejo do outro quando, afinal, são eles que não têm o mínimo conhecimento a respeito de seu próprio desejo. Como você não consegue exprimir nada a respeito de seu desejo por mim, neste caso, ignoro tudo de meu desejo por você. O que é que eu poderia desejar para mim se você não me deseja?

O que se passa com nosso desejo? A tentativa para retornar à sua fonte ou à sua ausência é um processo difícil. A falta de desejo assume, muitas vezes, a aparência da falta do objeto de desejo. "Não tenho a mulher ou o homem dos meus sonhos; neste caso, a carência é tão dolorosa que evito qualquer tipo de desejo. Inclusive, custa-me viver". Ou, então, "o homem ou a mulher por quem sinto afeição nunca se comporta de acordo com meu desejo. Minha frustração é tão grande que tudo o que posso desejar é precisamente o que me é recusado. Assim, sinto rejeição por tudo". Frágil desejo que se apóia no outro, ou seja, frágil objeto do desejo. Focalizo todo o meu desejo em você que, na maior parte das vezes, não sabe o que deseja. E eu próprio, será que conheço meu desejo? É bem pouco o que sei a meu respeito.

O que uma pessoa sabe acerca de seu desejo é a queixa em relação ao que lhe faz falta. Ele está focalizado na ausência: o(a) ausente. "Vivo com ela, mas sua vida não é comigo", "Na época de nosso noivado, a freqüência com que eu o encontrava era muito maior do que depois de nosso casamento". E mesmo na presença do outro sente-se a ausência do que ele poderia ser. "Vivo com ele, mas não deixo de compará-lo com o marido que eu gostaria de ter". Eu o amo, mas *você está ausente*; eu o amo, mas *estou insatisfeita*.

Eu o amo, mas eu teria gostado que você fosse diferente: com outras falas, outros pensamentos, outros talentos. Inclusive, com outros sonhos. "Detesto tudo o que passei na minha infância, quero evitar revivê-lo. Então, fico à espera de que ele me faça viver outra coisa, sempre coisas diferentes". São numerosos os adultos para quem a lembrança da infância corresponde a uma carência. O desejo nunca soube em que aspectos poderia focalizar-se. Ele fixa-se e está firme no que faz falta, ou seja, o que esses adultos nunca chegaram a receber. Sentiram falta de um amor que lhes desse o desejo de amar o que eles são; e, por conseguinte, o que eles têm.

Não será que a falta de desejo encontra sua origem em um desejo da carência? O objeto de meu desejo é o que você não me dá. O amor que nunca tive.

Todo relacionamento com o outro constrói-se a partir da carência. O que sabe o neném a respeito de seu desejo? *De forma consciente*, ele não sabe se é, ou não, bem-amado, mas apenas o que ele sente ou, mais precisamente, as sensações de seu corpo. E, para ele, é normal que suas necessidades sejam satisfeitas. Neste aspecto, anormal é ser levado a sentir mal-estar, dor ou sofrimento. A ter falta de cuidados, de presença, de atenção, de calor e de doçura. A ter fome e sede sem que alguém venha alimentá-lo e dar-lhe de beber. Em seu estado de total dependência, é o outro que lhe faz falta; a carência é a falta do outro.

Antes de conhecer o amor, a criança conhece as situações de carência. Ou, antes, o único aspecto do amor que ela conhece é a carência: o amor que lhe faz falta. Então, ela continua a pedir o que não tem; mas, nunca fica satisfeita com o que recebe. Entre as primeiras palavras que pronuncia, encontra-se a expressão "ainda mais": ignora a saciedade. Brincadeiras, palavras e movimentos podem ser repetidos indefinidamente. Por que colocar um termo ao que suscita tanto prazer? Um prazer sempre em relação com o outro. Os movimentos oscilatórios de algumas crianças autistas correspondem a tentativas desesperadas para encontrar o estímulo externo de que elas estão, de forma tão sofrida, privadas. A criança tem sede da relação com o outro.

Tudo o que ela vive, e possui, só tem existência real nessa relação com outro ser vivo: meigo, amável e caloroso que a embala, acaricia e fala com ela. Cuja presença lhe inspira confiança e tranqüilidade. Todo o mundo conhece seu apego a objetos, cuja presença é permanência do ser amado, do ser amante: permanência para além da ausência. Animais de pelúcia sem qualquer semelhança com outros objetos, mas que já possuem sua história — uma história de amor —, constituem uma diversão muito maior do que o mais valioso dos brinquedos porque seu valor — afetivo — está acima de qualquer outro. Conforme se diz: "Isso não tem preço". Pequenas coisas insignificantes que não são ninharias.

Com o decorrer do tempo, os objetos amados são atingidos pelo desamor e a criança deixa de lado o que, anteriormente, havia tido valor para ela. Ingressa, assim, no universo da comparação, no inferno do que ela exprime pela expressão: "não tenho o que o outro tem". Aquilo que, em seu entender, era sua riqueza, daí em diante torna-se um sinal de sua pobreza diante dos outros. Uma vez mais, presta atenção ao que não tem. Ao que lhe faz falta na relação não só com o outro — o que você me dá nunca é suficiente —, mas com aquilo que o outro tem e que ela própria não tem: queira dar-me o que não tenho e que você tem. O que se procura obter destina-se a si mesmo e aos outros: para seu próprio prazer e para ser exibido ao olhar dos outros.

"Ter um marido", "ter uma mulher": qual será o sentido destas expressões? Ter ou não ter: o casamento poderá avaliar-se em termos de "haver"? Que tipo de amor é avaliado?

"A medida do amor é amar sem medida", disse Santo Agostinho. Mas, o amor não será avaliado pelo que nos é, ou não, dado? O amor é quantificado; certamente, esta operação é mais simples do que a de qualificá-lo. "Como é seu amor por mim — perguntam as crianças: é grande como o quê? Como a terra, como o céu"? Se quisermos saber o que é o amor, quem poderá responder? E a declaração "eu te amo" só será convincente se for acompanhada por ações que sublinhem sua veracidade: ações que sejam outras tantas provas de amor. Qual é o tamanho de seu amor por mim: pouco, muito, loucamente...? Aguardo provas de seu amor para conhecer sua real dimensão.

Quero que você mostre seu amor por mim sem parar. Carícias, beijos, palavras gentis, presentes: tais são as expectativas do neném e, muitos anos depois, ainda continuam sendo as nossas. Ficamos felizes com todas as marcas de solicitude que recebemos. Assim, nossa mente é invadida pela atenção que prestamos a essas cortesias. E, por conseguinte, a tudo o que, em nosso entender, são ausências de atenção. "Apesar de sua promessa, ele esquece sempre de chamar por mim", "Ela nunca pensa no que poderia dar-me prazer", "Não lhe passa pela cabeça escrever-me um bilhetinho com palavras amáveis", "Ela não presta atenção quando lhe dirijo a palavra", "Ele nunca me diz: 'eu te amo'", "Uma vez mais, ela criticou-me de forma deselegante; nem se dá conta de tudo o que tenho feito por seu bem". Diz-se que os advérbios – ainda, sempre, nem sequer, nunca, na certa, pelo menos – são os inimigos do relacionamento a dois.

Será que podemos ter a certeza de que somos amados? De termos suficiente confiança no outro – e, sobretudo, em nós mesmos – para não ficarmos dependentes das palavras, gestos e presentes que recebemos, seja sob que forma for? E, assim, atribuir a culpa ao outro: "Você deu-me tal coisa... mas não tal outra...". Nosso valor poderia ser avaliado pelo valor dos presentes que recebemos? Ou dito por outras palavras: pelo valor dos presentes recebidos de você, ficarei sabendo o valor que você me atribui.

"Declare seu amor com flores." Para além do prazer em observá-las, as flores tornaram-se o símbolo de que alguém está *pensando no outro*. E sua ausência é sinal da falta de tal pensamento: "Ele nunca me oferece flores; logo, não tem amor por mim". Às vezes, é a ausência de escuta e de consideração pelo verdadeiro desejo do outro que pode ser vivenciada como a falta de pensamento, portanto, de amor: "Sempre lhe disse que só gosto dos ramalhetes simples, mas ele continua a oferecer-me ramalhetes com diferentes flores. Então, é que não deve gostar de mim". "Declare seu amor com flores" e preste atenção ao escolhê-las. Se as crianças podem oferecer flores mais comuns, o príncipe encantando deverá colher uma *edelweiss* para sua amada, uma flor de tal modo rara que, para consegui-la, ele terá de arriscar a vida. "Veja só, darei minha vida por você; você tem mais valor do que minha vida". Neste caso, quanto valerá essa flor? Ofereça-me seu coração, mas de uma forma convincente.

Por sua vez, como se sabe, o valor das jóias depende do nome dos "grandes" joalheiros, cuja assinatura tem adquirido uma visibilidade cada vez maior – paradoxo de um sinal exterior de riqueza que, mediante a cópia, acabou perdendo seu valor. "Na verdade, eu não gostava do colar que ele me ofereceu. Mas, eu sabia que era uma peça muito cara; além disso, fez-me sentir mulher". "Meu valor equivale ao preço que você paga por mim", poderia afirmar esta mulher. Sou uma mulher que tem valor, que é preciosa, para você. Se o objeto for caro, é sinal de que tenho um valor elevado em seu coração; assim, fortaleço ainda mais minha confiança no seu amor e na minha feminilidade.

Haverá um motivo suficiente para que ela tenha essa confiança? Se os presentes de valor tocam o coração de uma mulher e acalentam sua feminilidade – e, mais do que isso –, seu ser inteiro, eles confirmam outras atenções, mais secretas e sutis, dos gestos do coração que, apesar de não serem nomeados, dão maior prazer do que qualquer outro objeto de valor. Mas, às vezes, os presentes dizem respeito, de preferência, a quem os envia e não a quem os recebe. A mulher assume para o homem o valor do presente que lhe é feito; por sua vez, ele próprio adquire tanto mais valor quanto maior tiver sido a homenagem prestada à mulher dessa forma. "Ele gosta dos presentes que me oferece, mas não gosta de mim, dizia uma mulher referindo-se ao marido; ele fica cheio de orgulho porque, ao me encontrarem, os outros podem ver o valor de seus presentes". Neste caso, qual é o lugar da mulher? Onde está o amor?

Ao oferecer a Liz Taylor um dos maiores diamantes do mundo, Richard Burton pretendia provar a grandeza de seu amor e, assim, mostrá-lo ao mundo inteiro. Mas, não o teria feito igualmente para ele, pretendendo provar a si mesmo aquilo de que era capaz e, talvez, também a força de uma chama já vacilante? Qualquer presente, qualquer demonstração de amor, é realmente uma prova de amor quando é pensado *para* o outro, orientado para seu mais profundo desejo. Quando é impelido por um *verdadeiro* sentimento de amor e não está encarregado de convencer o outro em relação a um amor que nunca existiu ou deixou de existir — convencer, em primeiro lugar, quem faz o presente; trata-se de uma tentativa para perdoar, ou desculpar, outras ações menos amorosas, de um desejo de ser amado em decorrência desse gesto amável, além de ser amado de acordo com sua expectativa. Quero fortalecer sua confiança a respeito do amor que sinto por você; assim, *eu próprio* reforço minha confiança relativamente ao meu amor por você. E relativamente ao *seu* amor por mim. Mostre seu amor por mim para que eu tenha auto-estima.

Como se o amor — pelo outro e por si — tivesse necessidade de objetos exteriores, visíveis e reconhecidos por todos, para ser reavivado em nossa lembrança; mas, em vez de tecer o vínculo, às vezes, tais objetos acabam provocando a desunião. Ninguém é otário ao ponto de acreditar em um amor inexistente; mais precisamente, em um amor que corresponda àquele que teríamos desejado viver. "Não tenho marido" ou "Não tenho mulher": "minha" mulher ou "meu" marido são incapazes de preencher minhas carências. Falta-me a paz e minha sede permanece ardente.

No entanto, continuo a pedir um amor que me é negado; não consigo perdoar. Uma mulher pode exigir muito de um homem quando ela se sente largada, abandonada: é um pai que, de novo, a deixa e não a reconhece. Em seu entender, ela tem direito a um marido legítimo; mas, na maior parte das vezes, esta "legitimidade" remonta a uma época bem recuada. Corresponde ao vínculo entre o pai e a filha que não foi "legitimado" por um olhar recíproco de amor e de reconhecimento. Não basta ter sido amada pelo pai; se não houve um sentimento de admiração por ele, o que fazer, inclusive, de sua admiração? Para uma mulher que reivindica o amor de um homem por quem deixou de sentir estima e, até mesmo, despreza por tudo o que ele lhe nega, qual será sua imagem do homem?

E o homem que continua a dar-lhe amor — afeto que, aparentemente, não vem do mais profundo do coração — demonstra uma pretensa generosidade que não é outra coisa senão seu sentimento de culpa. Ele está expiando o sentimento de culpa por ter negado seu amor à primeira mulher que ele deveria ter amado: a mãe. Uma mãe insuficientemente amável por não ser, em sua opinião, suficientemente amante. Com efeito, ela não correspondeu à imagem da mãe tal como ele gostaria de ter tido — e de ter presenciado. Em virtude da intensa demanda de amor por parte da mãe, ele nunca se sentia à altura do que lhe era pedido. Uma demanda que dava à criança a sensação de sua incapacidade para satisfazê-la plenamente. Assim, ao voltar a encontrá-la, mais tarde, na pessoa das namoradas, ele não sabe, de novo, como poderá corresponder a tal demanda: não sabe como proceder para satisfazê-las. Em vez de uma carícia, de um beijo, de um olhar amoroso, ele dá o que parece quantificável e negociável. No entanto, o dinheiro, seja sob que forma for, poderá responder às necessidades do coração?

E se quem faz o presente não colocar o coração na sua oferta, aquele que recebe vai manifestar uma exigência cada vez maior. E sem experimentar uma real satisfação. Como será possível saber que o outro nos ama? Não será, para além das provas tangíveis, com nosso coração?

Será possível situar os homens e as mulheres na mesma fila de "objetos" que, obrigatoriamente, devem satisfazer nossas necessidades? E considerar "seu" marido ou "sua" mulher como defeituosos, à semelhança do que se diz a respeito de um artigo que é incapaz de desempenhar todas as suas funções? O outro pode ser transformado em objeto ao exigir-lhe o pagamento de um débito sem limites e que se mantém, precisamente, pelo fato de que ele nunca conseguirá quitá-lo. "Ele, ou ela, recusa-se a falar tal coisa, a agir assim, a comportar-se como eu lhe peço, *há muito tempo*"! A pessoa obstina-se em uma carência que vai crescendo, fatalmente, com o tempo; assim, cada um sofre em decorrência do que o outro é incapaz de dar ou do que ele próprio não sabe dar. Com efeito, aquele ou aquela que tenta fazer de seu parceiro um objeto pode tornar-se, igualmente, objeto de uma perpétua insatisfação para o outro; e essa situação acaba sendo fonte de seu sofrimento. Nessa expectativa que permanece vacante, o amor — e qualquer felicidade possível — vai ficando cada vez mais distante.

Jean-Yves Leloup afirma: "A felicidade começa quando deixamos de exigir ao outro que nos torne felizes". Do mesmo modo, "é impossível esperar o infinito de um ser finito". Não será possível procurar em nós mesmos a paz que tanto esperamos encontrar através do outro, com o outro, uma paz do coração que nos satisfaz para além de qualquer encontro e que, em vez de ser sua realização, o precede? Em vez de esperar de um homem ou de uma mulher — de um *pobre* ser humano com todas as suas limitações — a reconciliação definitiva conosco mesmos, com a vida, com o absoluto e, então, fechar-nos em uma carência tão infinita quanto o é nossa demanda, não seria possível aceitarmos, desde já, o relativo em nós para acolhê-lo no outro e para conhecer-nos melhor a nós mesmos antes de co-nascermos[34] juntos? *Aprender, desde já, a amar o que o outro deveria ensinar-nos a amar; ser amor, antes de ser amado.*

Um outro pode vir ao encontro de nosso desejo, como a fonte vem encontrar-nos no mais profundo de nossa sede, se já tiverem sido abandonadas nossas expectativas ilusórias e nossas demandas infrutíferas; se tivermos olhado no interior de nosso poço para reconhecer aí nosso mais profundo desejo e se restituirmos, como um espelho, para o desconhecido que já amamos o que nos é possível viver juntos. Essa é a nossa expectativa alimentada com toda a nossa alma e com todo o nosso coração, apoiada na confiança de um amor ajustado que virá juntar-se àquele que já é pressentido por nós; aliás, teremos todo o cuidado possível para evitar circunscrever este amor em uma definição demasiado precisa. Estamos à sua espera sem inquietação, nem ansiedade; essa expectativa está impregnada de confiança e de serenidade.

Etty Hillesum escreve: "Se eu tivesse de viver segundo minhas verdadeiras fontes, eu deveria, sem dúvida, permanecer celibatária. De qualquer modo, é inútil esquentar minha cabeça a esse respeito. Se escutar com sinceridade a minha voz interior, saberei exatamente, no momento oportuno, se um homem é 'enviado por Deus' para mim. Apesar disso, trata-se de um assunto que não deve ser objeto de uma ruminação permanente. Também não se deve transigir, nem aceitar um casamento que venha a ser influenciado por toda a espécie de teorias equivocadas. Devo ter confiança, dizer para mim mesma que estou seguindo um caminho particular e, sobretudo, não ficar obcecada em acabar com a solidão se não encontrar um marido enquanto é tempo".

---

34. No original, "co-naître". Vale ressaltar que, em francês, o termo "connaître" significa "conhecer" (N.T.).

Se permanecermos na beirada do poço para acolher qualquer um que nos diga ter a possibilidade de satisfazer-nos e que, daí em diante, nossa atenção fique focalizada no que ele promete trazer-nos, fechamos as portas ao nosso verdadeiro desejo. Nossa inquietação se deve ao fato de não termos encontrado o grande amor e, uma vez que isso parece ter acontecido, ao fato de não o conseguirmos viver. Orientados para o que o outro pode, ou não, oferecer, até esquecemos de nos questionar sobre nosso desejo; mais precisamente, conhecemos nosso desejo em relação ao outro, mas será que, realmente, temos desejo pelo *outro*, por esse homem ou essa mulher? "Quando eu lhe perguntava por sua proposta para a nossa vida, e eu insistia para que *me dissesse minha expectativa a seu respeito*, ele negava-se a responder-me. Agora, ao afirmar-me que pretende realizar todos os meus sonhos, já não sei se ainda tenho vontade de continuar vivendo em sua companhia; minha espera demorou muito tempo." A espera teria sido longa demais ou seria o desejo que estava mal orientado ou era insuficientemente conhecido?

Um desejo desconhecido é um desejo perpetuamente insatisfeito. E ele reenvia à insatisfação consigo mesmo. "Perdi a auto-estima; então, já não o suporto. Ele ocupa demasiado espaço na minha vida." Acabamos rejeitando tudo: o que faz parte de nós, portanto, do outro. Do outro, portanto, de nós. Deixamos de estabelecer uma diferença entre a vida que rejeitamos e o outro que está tão intimamente associado a essa vida.

"Detesto a cor das cortinas, detesto nossa vida, eu o detesto, detesto-me a mim mesma." Quando uma pessoa deseja *mudar tudo em sua vida*, quem é precisamente que ela pretende mudar? "Ele já não consegue fazer-me sonhar; eu própria deixei de sonhar". Se deixou de ser possível olharmo-nos de frente, o que nos é restituído pelo outro a respeito de nós mesmos, e dele próprio, nunca poderá nos satisfazer plenamente. E se deixamos de sonhar, será que podemos pedir ao outro que nos faça sonhar? E, ainda mais, que realize nossos sonhos?

"Não tenho marido", "não tenho mulher": não amo meu marido, minha mulher, tal como seria meu desejo; o amor dele, ou dela, por mim não corresponde ao modo como eu gostaria de ser amado. O grau de carência é tal que, às vezes, fico sem saber quem é o responsável: o outro ou eu? O outro que não corresponde ao meu desejo, ou eu sem auto-estima e convencido de que não poderei ser amado? Espero de meu marido, de minha mulher, que me dê o amor que nunca cheguei a receber, um amor no qual nunca acreditei ou deixei de acreditar, um amor impossível. Um amor que corresponda a meus sonhos, mesmo que eu tenha deixado de sonhar. Minha sede de amor não será, então, demasiado ardente? Uma sede de amor que nenhum amor poderá saciar.

Volto-me, então, para a minha sede: qual é seu tipo e de onde vem? E retorno à fonte de meu desejo. De meu verdadeiro desejo.

A samaritana: um ser de desejo

Jean-Yves Leloup

> *Quando Jesus soube que os*
> *fariseus tinham ouvido dizer*
> *que Ele reunia mais discípulos*
> *e batizava mais do que João*
> *(na realidade, não era Jesus*
> *quem batizava, mas seus discípulos),*
> *Ele deixou a Judéia*
> *e voltou para a Galiléia.*
> *Era preciso que Ele passasse pela Samaria.*
> *Ele chegou a uma cidade da Samaria,*
> *chamada Sicar,*
> *perto da propriedade que*
> *Jacó tinha dado a seu filho José.*
> *Havia ali o poço de Jacó.*
> *Jesus, cansado da viagem,*
> *sentou-se na beirada do poço,*
> *era por volta do meio dia.*
> *Veio uma mulher da Samaria*
> *buscar água,*
> *Jesus lhe disse:*
> *"Dá-me de beber".*
> *(Seus discípulos tinham ido*

à cidade comprar algo para comer.)
A samaritana lhe disse:
"Como é que tu, sendo judeu,
pedes de beber a mim, que sou
uma mulher samaritana?"
(De fato, os judeus não se
relacionam com os samaritanos.)
Jesus lhe disse:
"Se conhecesses o Dom de Deus
e quem é Aquele que te diz:
Dá-me de beber,
tu lhe pedirias
e ele te daria Água Viva."
A mulher lhe responde:
"Senhor, não tens sequer um balde,
e o poço é fundo,
de onde vais tirar essa água viva?
Serás maior
que nosso pai Jacó,
que nos deu este poço,
do qual bebeu ele próprio, seus filhos
e seus animais?"
Jesus lhe disse:
"Todo o que bebe desta água,
terá sede de novo.
Quem beber da água
que eu darei,
nunca mais terá sede,
a água que lhe darei
tornar-se-á nele uma fonte,
jorro de vida eterna."

A mulher lhe disse:
"Senhor, dá-me dessa água
para que eu não tenha mais sede,
nem tenha de vir aqui
para tirar água."
Jesus lhe disse:
"Vai procurar teu marido
e volta aqui."
"Eu não tenho marido",
respondeu a mulher.
Jesus lhe disse:
"Tens razão de afirmar:
Eu não tenho marido.
Já tiveste cinco
e quem está contigo
não é teu marido."
A mulher lhe disse:
"Senhor, sei que és um vidente.
Nossos pais adoraram sobre esta montanha
e vós dizeis:
É em Jerusalém que se deve adorar."
Jesus lhe disse:
"Mulher, acredita-me,
vem a hora em que, nem nesta montanha,
nem em Jerusalém, adorareis o Pai.
Vós adorais
o que não conheceis;
Nós adoramos o que conhecemos
porque a salvação vem pelos judeus.
Vem a hora,
e é agora,

em que os verdadeiros adoradores
adorarão o Pai
em Espírito e Verdade.
Estes são
os adoradores tais como os deseja
o Pai.
Deus é Espírito,
e deve-se adorar
em Espírito e Verdade."
A mulher lhe disse:
"Eu sei que o Messias,
quando ele vier,
nos explicará tudo."
Jesus lhe disse:
"Eu que estou falando contigo — Eu
Sou."
Seus discípulos chegaram
e ficaram admirados de vê-lo conversando
com uma mulher.
Entretanto, nenhum perguntou:
"Que pretendes dela?"
nem: "Por que conversas com ela?"
A mulher deixou sua bilha,
correu para a cidade
e disse às pessoas:
"Vinde ver um homem que me disse
tudo o que eu fiz,
não será ele o Messias?" (Jo 4,1-29, segundo a tradução do original feita
por J.-Y. Leloup).

O que poderá satisfazer nossa carência?

O ser humano procura preencher a carência de diferentes maneiras, sempre insatisfatórias, e que o deixam, em cada tentativa, um pouco mais vazio, "alterado", um pouco mais sofredor em relação a essa carência e à vacuidade que, segundo parece, a define e constitui.

"Conheço apenas duas coisas, dizia Buda: o sofrimento e sua superação." A vida com má sorte/malfeliz e a vida com boa sorte/bem-feliz. A felicidade está sempre presente, é a nossa verdadeira natureza: então, por que razão alguns acolhem "bem" esta realidade fundamental e outros "não" a acolhem ou a acolhem "mal"?

Por que motivo alguns sofrem com a carência e outros dão a impressão de usufruir de tal situação? Será possível "usufruir a partir da carência", usufruir de nossa vacuidade e de nossa vacuidade essencial?

O encontro de Jesus com a samaritana situa-nos no âmago dessa interrogação. Trata-se de uma mulher de desejo com sede de uma água que pudesse saciá-la, não só durante um instante, mas para sempre. Por sua vez, Jesus é aquele que ensina e vem ao encontro da mulher aí onde ela está, em sua sede; e, aos poucos, vai conduzi-la até sua fonte. A partir dos objetos com os quais ela pensa satisfazer seu desejo, Jesus leva-a ao próprio sujeito do desejo, ao sujeito desejante que rejeita ser satisfeito por um dos "objetos" do desejo (independentemente de serem realidades sensíveis, afetivas ou religiosas), mas que conserva o sujeito verdadeiramente desperto a seu desejo; neste caso, o ponto essencial do desejo é o ponto essencial do sujeito, ou seja, o próprio ser vivo.

A história da samaritana é a história de um desejo que rejeita ser satisfeito por objetos; de um vazio que não aceita ser preenchido por ninharias; de uma carência que não se deixa seduzir pelo grande número de engodos que lhe são propostos (por diferentes materialismos, psicologismos ou espiritualismos).

Ao seguir este itinerário, talvez, vamos ter vertigens; de qualquer modo, ele está livre de ilusões, é a resposta a uma sede, cuja satisfação não pode vir de uma espécie de água qualquer, falsificada ou "engarrafada", mas apenas da "água viva", a própria água da Nascente que faz apelo a tal sede, ou seja, a própria Realidade que desperta no homem tal desejo, aprofunda ainda mais tal carência e mantém uma abertura ou uma capacidade infinita que somente o Infinito pode satisfazer.

Para chegar a esta Fonte, Jesus — o Ensinador[35] — convida a samaritana a escavar seu próprio poço, ou seja, seu próprio desejo ou sua própria carência, fazendo-lhe sentir — mais do que compreender — que sua busca pode interromper-se, durante um instante, exatamente quando tem a impressão de ter alcançado satisfação com "um ídolo, em vez de nada", em vez do Deus que "nada é do Todo de que ele é a causa"; ele a convida a manter sua insatisfação e continuar escavando cada vez mais profundamente. Assim, tanto para nós quanto para ela, delineia-se um itinerário vertical que corresponde a certas etapas ou a certos patamares que devem ser transpostos à escuta do que permanece "insaciado" no mais íntimo de nosso desejo:

— O poço de nossos antepassados, ou preencher a carência com o conhecimento já adquirido.

— O poço de nossos amores, ou preencher a carência com numerosos e intensos relacionamentos afetivos.

---

35. No original, "Enseigneur", neologismo a partir do verbo "enseigner" [ensinar]; neste termo, é enfatizada a palavra "seigneur" [senhor], de modo que a tradução mais próxima do original poderia ser: Ensinador-Senhor (N.T.).

— O poço de nossas crenças, ou preencher a carência com idéias ou representações de Deus propostas por diversas religiões.

— O poço do Despertar, ou acompanhar a carência com o sopro (*Pneuma*) e a vigilância (*aletheia*).

O poço de nossos antepassados

Para a samaritana, trata-se do poço de Jacó; nesse lugar é que, desde a infância, ela e os habitantes de sua aldeia vêm tirar água. Tarefa árdua para uma moça, tarefa ininterrupta porque sua sede, assim como a dos irmãos, irmãs e primos, nunca é estancada pela água que ela pode tirar de seu poço; seus esforços não são inúteis — sua bilha é sempre recebida com reconhecimento —, mas ineficazes para acalmar a sede que parece renovar-se no próprio momento em que a água é bebida.

"Quem bebe desta água, ainda terá sede", disse-lhe Jesus, e assim ocorreu de geração em geração; o Ensinador limita-se a resumir a sabedoria das nações. Durante um instante, pensamos satisfazer nosso desejo com esta ou aquela realidade material. A água deste primeiro poço simboliza todas as riquezas, as posses, os haveres com os quais pensamos acalmar nosso psiquismo sempre inquieto, ou seja, tudo o que, na falta de felicidade ou de paz profunda, poderia dar-lhe segurança ou satisfação. Mas, como todo o mundo sabe, nunca "temos" o suficiente; quanto mais temos, mais desejamos; existe, em nós, uma sede (um ego) que, em vez de "basta", nunca cessa de dizer "mais ainda"...

Na compra deste ou daquele bem, eu julgava que iria encontrar a realização de meus sonhos, mas permaneço insatisfeito, o desejo continua vivo, às vezes, até mesmo exacerbado, pelo acúmulo dos bens com os quais eu pretendo preencher minha carência.

"Quem bebe desta água, ainda terá sede." Eis o que ocorre com todas as realidades materiais que são procuradas para apaziguar nosso desejo: vejam bem, não se trata de condená-las, mas apenas de chamar a atenção para sua precariedade.

As realidades relativas não podem preencher uma carência ou um desejo que já aponta seu aguilhão para uma realidade mais ampla; apesar de evitarmos atribuir-lhe a denominação de Absoluto, Jesus já nos havia deixado pressenti-la.

> Quem beber da água
> que eu darei,
> nunca mais terá sede,
> a água que lhe darei
> tornar-se-á nele uma fonte,
> jorro de vida eterna.

Em vez de um apaziguamento dependente das realidades materiais, em vez de uma felicidade, de uma alegria, cuja razão de ser ou "causa" se encontra nas circunstâncias exteriores, no conhecido, Jesus promete à samaritana e, portanto, à psique, um apaziguamento, uma alegria, uma felicidade, cuja fonte está em cada um de nós e não se esgota com o tempo já que permanece como se fosse um "jorro de vida eterna".

Quem nos dará desta água de modo que fiquemos dispensados de tirá-la do que já é conhecido, da memória ancestral inscrita nos nossos genes, prazeres e medos, de modo que fiquemos dispensados de "fazer esforço" para conseguir a paz? Quem nos dará desta água para que, finalmente, encontremos a paz de modo que este apaziguamento "flua naturalmente"[36] a ponto de estarmos em condições de oferecê-lo a outrem?

---

36. No original, "coule de source", literalmente: escorre da nascente (N.T.).

"Se conhecesses o Dom de Deus." A expressão é enigmática; justamente, não o conhecemos. A ignorância é, talvez, a chave de nosso sofrimento e de nossa infelicidade.

Temos de escavar ainda mais fundo.

O poço de nossos amores

Se nenhuma realidade material pode apaziguar nosso desejo, se é impossível preencher o vazio existencial com ninharias, talvez encontremos alguma trégua nos nossos relacionamentos amorosos.

Esta tentativa pode ser útil, embora todo o mundo saiba que "o dinheiro não dá a felicidade"; mas quem ousaria dizer que "o amor não dá a felicidade", quem ousaria dizer que nunca teve tal crença, nem que fosse uma só vez?

"Vai procurar teu marido", diz Jesus à samaritana — ou, mais literalmente: vai procurar aquele com quem, neste momento, andas à procura de unidade, de amor, de paz...

"Eu não tenho marido", responde a mulher — literalmente: aquele com quem estou neste momento não me dá a unidade, nem o amor, nem a paz que meu coração deseja.

"Tens razão [...]", responde-lhe Jesus, tiveste cinco e quem está contigo não é teu marido."

Saudemos, de passagem, a força do desejo desta mulher, sua fé no amor, sua certeza de encontrar no âmago do casamento ou de um relacionamento humano o que, invencivelmente, é objeto de sua procura.

Saudemos sua coragem, sua ortodoxia: "um relacionamento amoroso fracassado não é o fracasso do amor". Apesar de ser divorciada e de um relacionamento fracassado, continuo capaz de amar uma outra vez, uma segunda vez, uma terceira vez... O coração volta a vibrar e é, sem dúvida, a mesma decepção, o mesmo sofrimento... uma quarta vez, uma quinta vez e, até, uma sexta tentativa que ela pensa que seja a última, a definitiva, como havia sido sua expectativa em relação aos outros – e, de novo, a mesma constatação: "Eu não sou casada, não sei o que é a união ou a verdadeira aliança; no entanto, mesmo embotada, sobretudo machucada, meu desejo ainda permanece vivo".

Jesus não lhe diz uma segunda vez – "Quem beber desta água, ainda terá sede" – e também não a condena, mas presta atenção ao que ela já sabe: nenhum amor humano conseguiu satisfazer seu desejo de amor.

Então, neste caso, onde se encontra o amor que me dará a paz, que tornará, no mínimo, suportável minha carência que começo a pressentir como infinita? Teremos de procurar o apaziguamento na religião?

O poço de nossas crenças

Trata-se de um itinerário já trilhado por um grande número de pessoas. Com a decepção relativamente aos bens materiais que "não dão a felicidade" e aos relacionamentos afetivos que "não respondem ao nosso desejo", voltamo-nos para as realidades espirituais apresentadas por certo número de religiões como capazes de apaziguar a grande sede, em vários aspectos, do homem com a afirmação de que cada montanha sagrada, cada templo, cada igreja, cada minarete, cada pagode, oculta uma nascente, quando não é "a" Nascente... Portanto, "Venham visitar-nos e seus problemas serão resolvidos!"

A samaritana está "madura" para professar a religião. No entanto, tendo conservado seu bom senso desde o início desta aventura, ela pergunta: qual delas?

Para nós, samaritanos, é aqui, sobre esta montanha, que adoramos, mas vocês, os judeus, dizem que é em Jerusalém que se deve adorar! A samaritana, nos dias de hoje, teria citado ainda outras propostas: o Monte Fuji-Yamá, o Monte Kailash, a cidade de Meca, Varanasi (Benares), Bodh Gaya, as grutas de Kiev, Roma, etc.

A resposta de Jesus teria sido, sem dúvida, a mesma: "Nem sobre esta montanha, nem em Jerusalém, nem neste templo, mesquita ou igreja"; e ela continua a surpreender-nos. O apaziguamento de nosso desejo não pode ser obtido por intermédio de uma religião, instituição ou prática..., alguns consolos, sem dúvida, mas nada mais do que aqueles que podemos encontrar na riqueza e no reconhecimento social, ou em um relacionamento amoroso – "meu doce, meu maravilhoso amor"! O mesmo é dizer que nenhuma de suas representações é o Absoluto e que nossas idéias a respeito de Deus correspondem, talvez, aos piores ídolos (idéia, ideologia, ídolo têm a mesma raiz); além disso, em nome de tais ídolos e de tais representações relativas do Absoluto, continuamos a fazer caretas uns aos outros, para não dizer que continuamos a nos guerrear, a sermos hipócritas e a impormos nossa vontade de poder.

Após mais de vinte séculos, esta palavra ainda continua sem ser entendida por não ter sido escutada, tão grande é nosso desejo de preencher nossas carências com "objetos" que poderiam satisfazê-lo: o objeto total e magnífico pode ter o nome de Deus, mas este "Objeto sublime e supremo" que eu procuro adquirir e pelo qual tenho adoração vai, certamente, decepcionar-me. E por ter investido, nele e seus servidores, um desejo absoluto, ficarei absolutamente decepcionado, conforme é bem explicitado por Yvan Amar: "A única coisa que se conhece do desejo é o objeto do desejo. Sua verdadeira natureza é sempre suprimida pelo próprio objeto do desejo; ao ser consumido o objeto, o desejo retorna e, porque o objeto do desejo não cumpriu sua promessa, condena-se em bloco tanto o desejo quanto seu objeto quando, afinal, nunca chegou a ser experimentada verdadeiramente a natureza do desejo.

"Na maior parte do tempo, o que se passará com alguém que teve a experiência de um cotidiano frustrado pelos objetos do desejo, cujas promessas não chegaram a ser cumpridas? Ele volta-se para um objeto supremo que, de novo, polariza o desejo e o impede de experimentá-lo; no segundo caso, ao condenar o desejo em bloco, ele próprio torna-se o empecilho para fazer tal experiência. [...]

"Trata-se, sobretudo, de reconhecer o desejo como o próprio motor da vida; assim, em vez de adotar um objeto supremo para alimentá-lo – que, à semelhança da fome, ressurge depois que o objeto é digerido... – e depois tentar apaziguá-lo com outro objeto, por mais espiritual que seja, convém tomar consciência da própria natureza do desejo, mas sem espírito de condenação."

Nossa decepção avalia-se pela medida de nossas expectativas.

A "culpa" não deve ser imputada a Deus, nem às religiões; eu não deveria ter investido meu desejo na representação de uma Realidade que, de modo algum, pode ser possuída. Nunca conseguiremos ter a posse de Deus, nem a posse da verdade; além disso, todo aquele que pretende possuí-lo torna-se perigoso porque, em nome daquilo que "tem" (o único verdadeiro Deus – a verdade), ele destruiria ou desprezaria quem não o tem. Deus não é objeto de desejo; além disso, o fato de possuí-lo como objeto do desejo não é ser crente, mas idólatra. Amar a Deus – como, aliás, amar alguém – é renunciar a possuí-lo e transformá-lo em um haver para se abrir à possibilidade de estar em sua companhia e respirar com ele.

Orar não é pensar em Deus (quando estamos diante de alguém, não pensamos nele), mas respirar com ele. "Orar é respirar", dizia-me o Abade Serafim do Monte Athos; e, na esteira de toda a tradição hesicasta, ele limitava-se a evocar as falas do Ensinador à samaritana...

O poço do despertar

Se freqüentar os lugares sagrados ou praticar uma religião, em particular, de nada serve para acalmar meu desejo, como proceder, então, para responder ao desejo irresistível que me habita e não pode ser satisfeito por nenhum objeto, por mais "espiritual" que seja?

> Os verdadeiros adoradores
> devem adorar
> em *Pneuma* e em *aletheia*.
> Deus é *Pneuma*
> e, em *Pneuma* e em *aletheia*,
> é que se deve adorar.

Convém, talvez, não nos apressarmos em traduzir este trecho, correndo o risco de retirar às falas do Ensinador sua carga de silêncio já que o desvelamento para nós de seu conteúdo só é possível no silêncio.

Em geral, traduz-se *Pneuma* por "Espírito" e *aletheia* por "verdade"; mesmo conservando as maiúsculas, a utilização desses termos pode prestar-se a certa confusão. A palavra "Espírito" faz-nos pensar na mente ou no intelecto; neste caso, estamos bem longe do *Pneuma* que é a tradução do hebraico *Ruah*, o Sopro, o fôlego de vida. Algo parecido se passa com o termo *aletheia*, ou seja, a "verdade" que é algo completamente diferente da noção de "ter" a verdade; a palavra *a-letheia* indica, sobretudo, um estado de vigilância, uma saída do torpor, da *lethe*, do sono, da letargia.

Jesus nunca disse: "Eu tenho a verdade", mas *Ego eimi aletheia*: "Eu sou vigilante".

Portanto, tratar-se-ia de adorar, ou seja, de entrar em relação com a própria fonte de nosso ser – que Jesus chama "nosso Pai" – "no Sopro e na Vigilância".

De etapa em etapa, de patamar em patamar, o Ensinador aprofunda, assim, o desejo da samaritana e leva-a a aproximar-se das nascentes de seu próprio poço. Trata-se não de um bem, nem de um relacionamento amoroso, nem de uma religião, algo de exterior; como a água para matar sua sede viria, então, de um poço que não é o seu, ele convida-a a mergulhar no sopro que a liga às nascentes vivas da Vida porque nossa vida está segura apenas por um sopro. Escutar e seguir o sopro até a raiz, em direção do lugar de onde vem a inspiração e para onde retorna a expiração, é aí que a vida nos é dada, é aí que somos engendrados, é aí que encontraremos "o Pai criador de tudo o que vive e respira".

Escutemos nosso Sopro, nosso Espírito Santo, o Espírito que nos dá a vida; esse Sopro é também consciência, vigilância. Fiquemos vigilantes para que nosso desejo permaneça vivo, não o deixemos obstruir-se, satisfazer-se com um objeto, material ou mental, por mais maravilhoso e brilhante que seja: "Deus não é o objeto supremo do desejo, ou a consciência resultante de um não-desejo. Deus é o que está oculto no desejo, é o próprio desejo; e por não conseguir satisfazer-se com nenhum sucedâneo ou falsificação, o desejo desperta para a sua verdadeira natureza de ser Deus". Eu diria ainda com mais precisão: de ser "o Ser que É o que Ele É" (Javé), de ser *ego eimi*, "Eu sou", não objeto, mas sujeito do desejo.

Jesus conduz, assim, a samaritana para a Fonte não só das águas vivas que desalteram sua sede, mas para a própria Fonte de sua sede.

Em relação a esta fonte, trata-se não de retirar-lhe a água, nem de exauri-la, mas de deixá-la ser; essa é uma experiência demasiado intensa para a psique que vive no espaço e no tempo.

A samaritana tem o pressentimento de que, "um dia, talvez", "quando o Messias vier"... e, de novo, a fala do Ensinador nos interpela e, sem dúvida, nos choca: o Messias está presente, "Eu sou" está aí no fundo de teu próprio poço; o "Eu sou" que é, ao mesmo tempo, um Outro de quem estás à procura e mais Tu do que tu mesmo.

Tal descoberta não deverá ser realizada em uma vida futura; quem não ficou conhecendo a vida eterna, desde esta vida, também não chegará a conhecê-la na outra. O eterno é ontem, hoje e amanhã. O rio está no tempo, teu sopro e tua consciência estão no tempo, a Fonte de teu sopro, de teu desejo e de tua consciência não está no tempo, mas na eternidade (literalmente: o "não-tempo").

Mas como conhecer o que não pode ser conhecido já que tudo o que podemos conhecer é conhecido neste espaço-tempo?

Permanece no sopro e na vigilância e, por ti mesmo, verás quem és verdadeiramente, quem é "Eu sou".

A mulher, como qualquer psique, pode ficar perturbada com este gênero de não-resposta que é convite a ver por si mesmo, a beber até a exaustão, a verificar se, em nós, efetivamente, a Fonte e a sede formam apenas uma só coisa.

De qualquer modo, a samaritana deixa aí "sua bilha" que simboliza os conhecimentos, a verdade que pode ser possuída, assim como os objetos que, durante um instante, respondem ao desejo. Daí em diante, ela fala, não a partir do que aprendeu com sua experiência, mas como Aquele que a ensinou: a partir do coração. Dentro dela, uma fonte pôs-se a escorrer que, em vez de dar de beber àqueles que ela encontra, suscita ainda mais sede e o desejo de escavarem no sopro e na vigilância, ao encontro do "Eu sou" que lhes serve de fundamento e os torna capazes, à sua semelhança, de se doarem.

"Se conhecesses o Dom de Deus"; agora, ela já o conhece.

No fundo do seu ser, além do ser, existe a doação do Ser, a Fonte que imanta[37] todos os desejos, que nos dá plena satisfação ao nos escavar cada vez mais e que transforma nossa sede, não em tortura que nos solapa, mas no testemunho das águas que nos fecundam.

A história da samaritana poderia ter uma continuidade – o que não consta do texto – após seu encontro com Jesus que, ao responder ao seu desejo e à sua sede, não se serviu dos objetos demasiado conhecidos ou facilmente disponíveis pelos quais os homens pensam preencher seu vazio. Ele acompanhou sua carência e chegou mesmo a ampliá-la até o ponto de perder todos os limites capazes de ser preenchidos por um objeto: daí em diante, a samaritana é livre.

Ela pode retornar para sua montanha ou para seu templo e deixará de pedir a um deus, a uma representação por mais sutil que seja, ou a um estado de consciência particular, de ser "o Ser que É" (Javé, "Eu sou"); ela também já não exigirá o Absoluto a uma realidade relativa; ela nunca mais ficará decepcionada; ela pode retornar para o marido – seu último amável e maravilhoso amor – e, finalmente, irá amá-lo como ele é; já não lhe pedirá para satisfazer sua carência aprofundada por um pai ausente ou por uma mãe opressiva.

Ela já não exigirá a um ser finito um Amor infinito e incondicional; ela aceitará – mas sempre sem condescendência – seus limites, até mesmo seus defeitos, à semelhança de uma mãe atenta ao mais

---

37. No original, "aimante", forma verbal de "aimanter"; em outro contexto – por exemplo, mais abaixo –, a palavra homófona significa "amante" (N.T.).

frágil dos filhos. Ela poderá retornar para suas riquezas materiais, para seu poço ou sua casa familiar; no entanto, a todos esses bens perecíveis e transitórios, já não exigirá a inviolável tranqüilidade do coração pela qual tanto anseia...

Jesus liberta-nos, não das realidades temporais, mas de sua idolatria; ele liberta o coração de seu apego aos objetos do desejo, a fim de que permaneçamos livres para gostar das coisas, tais quais elas são, e exigir o infinito apenas ao infinito.

"Se conhecesses o Dom de Deus" significa, também, se soubesses que a Fonte está em ti, a Fonte do Dom.

A única coisa que a morte não nos poderá tirar é aquilo que tivermos dado. Só pode morrer o que é mortal.

> Você não tem a vida,
> você é a vida.
> Nada, nem ninguém poderá tirá-la de você...
> A única coisa que pode ser tirada de você é, exatamente, o que você tem:
> suas idéias sobre a vida,
> suas representações da vida, seus ídolos,
> as emoções, os sentimentos, os pensamentos,
> as formas que você considera como a vida,
> o eu com o qual você se identifica:
> tudo isso será tirado a você,
> mas nunca a vida...
> Você não tem a vida,
> você é a vida.
> A vida que avança,
> a vida que passa,
> ofereça-lhe um assento,
> uma base, um sopro, uma consciência
> em que ela possa encontrar apoio,

repousar...
e, em seguida, de novo,
doar-se...
como a Fonte com sede de ser bebida.
O homem é um ser
que carece do ser,
diz o metafísico.
O homem é uma sede (um desejo)
que carece da fonte (do bom objeto),
lembra o psicanalista.
O homem é um ser
a quem é dado o Ser,
o homem é uma sede
a quem a Fonte é oferecida:
se for capaz de pressenti-la
se for capaz de desejá-la, de respirá-la
se lhe der sua aquiescência.
"Se acreditasses no Dom de Deus"
— mais ainda: "Se conhecesses o Dom de Deus".

No entanto, estas expressões são "palavras do Evangelho" que, em vez de se dirigirem ao coração ou à razão habitualmente fechados, fecundam o coração e a razão que permanecem atentos ao "aberto"... a uma outra abertura — talvez, uma ferida — que acolhe a Impossível Presença...

Quando a fonte encontra a sede

Catherine Bensaid

Todo o que bebe desta água,
terá sede de novo.
Quem beber da água
que eu darei,
nunca mais terá sede;
a água que lhe darei
tornar-se-á nele uma fonte,
jorro de vida eterna (Jo 4,13-14).

"Se uma mulher conseguisse satisfazer meus desejos, eu teria medo de me enfadar." Se eu conseguisse realizar *todas* as minhas aspirações, o que eu faria com meu desejo? Enquanto ele permanecer insaciado, a sede será ardente e eu me sentirei vivo. Se o desejo desaparecesse, o que se passaria? Se eu deixasse de ter sede de amor, de um relacionamento amoroso diferente, de um outro relacionamento amoroso? Se eu tivesse plenamente satisfeito, para sempre? A carência alimenta o desejo e o desejo mantém em vida, na vida. Assim, posso regozijar-me com a idéia de um amor perfeito, divertir-me em imaginar o que poderia ser — o que ele deveria ser —, mas será que estou pronto para vivê-lo? Para amar *plenamente*, sem esperar que a carência me dê a sensação de viver?

"Acomodar-me em um relacionamento, até mesmo, feliz, para mim, é a morte. Dou-me conta do que não tenho e nunca mais poderei obtê-lo; nesse caso, eu ficaria à espera de quê?" Até mesmo o que é mais desejável para nós pode tornar-se, uma vez que esteja em nossa posse, uma "coisa morta" e deixar seu lugar à penosa sensação de um desejo vacante. Ao apoderar-me do objeto de meu desejo ou ao conseguir satisfação de um homem ou de uma mulher para as minhas expectativas, o que terei ainda para desejar? Sinto falta do desejo.

Cruel paradoxo: procuro preencher minha carência, mas se esta for satisfeita, deixo de ter desejo. Então, não sei o que é pior: a falta do objeto do meu desejo ou a falta de desejo. Nestas condições, o que fazer? Persistir, durante toda a minha vida, em uma demanda sempre insatisfeita: dirigir-me àquele ou àquela que nega o que meu coração deseja, ou ter um desejo tão ambivalente – queira dar-me o que eu desejo e, ao mesmo tempo, recuso que você satisfaça meu desejo – que se torna impossível encontrar alguém capaz de me satisfazer? Ou, ainda, recusar os favores que me são oferecidos, de coração e atenciosamente, por um homem ou por uma mulher? Dizer não à solicitude do coração, ao que poderia satisfazer-me e é, há muito tempo, objeto de minha expectativa, pela mesma razão que, depois de sua obtenção, já não terei outros desejos. Tendo alcançado meu objetivo, que distância ainda terei de percorrer, que tipo de obstáculo ainda terei de transpor? Se você está presente, eu não o vejo; deixei de vê-lo.

Se você está presente é, aliás, porque fui à sua procura. "Estou curtindo uma linda história com uma mulher e creio que meu amor por ela é sincero; no entanto, não consigo renunciar a outros encontros. Não sinto a chama que me arrebataria e traria a convicção de que, realmente, tenho vontade de construir minha vida com ela." Quantos homens e mulheres alimentam a aspiração de conseguir a tranqüilidade, depondo as armas de uma guerra travada com eles próprios, com sua própria ambivalência: meu desejo é receber seu amor, mas se você me der satisfação o que se passará comigo? Então, em vez de convencer você, meu objetivo consistirá em vencer o medo que está em mim: o medo de ficar confinado, de enganar-me, de perder uma outra mulher ou uma outra vida, talvez, a verdadeira vida. A vitória será obtida não sobre você, mas sobre mim. Tenho de me superar. Então, vou adiar meu amor por você.

"Neste momento, eu estaria pronto para me comprometer com uma só mulher. E deixaria de lamentar-me, como antes, de todas aquelas com quem me relacionei e que me fazem sonhar." *Eu estaria pronto* – a situação condicional ainda persiste. Mas quais são as condições para que o sonho se torne realidade: quem deveria ser ele – ou ela – para poder tomar a decisão de escolher esta mulher em vez de uma outra, em vez de todas as outras? Como será possível ter a certeza de que é você que corresponde ao meu desejo? Você e não uma outra. Quero amar você com um desejo sem falhas.

"Não consigo tomar uma decisão. Relaciono-me com várias mulheres e sei que elas esperam de mim algo que sou incapaz de dar-lhes. Com efeito, cada uma tem algo que me agrada, mas nenhuma reúne todas as qualidades da mulher de meus sonhos." Na expectativa *da* mulher dotada de todas as qualidades, é impossível relacionar-se com *uma* mulher. E, ainda mais, se o parceiro espera tudo dela; com efeito, ao mesmo tempo, ele receia esse "tudo" que determinaria o fim da liberdade. "Se ela tem e é tudo, fico reduzido a zero". Por ter tudo, ela é a mãe onipotente: controla minha vida e, diante dela, torno-me um neném. Ela não me deixa respirar. Deixei de ter a liberdade de viver.

O medo da morte não seria o medo de retornar à mãe que, para um homem, pertence ao sexo da mulher amada? O retorno à relação primária: à marca do desejo da mãe. A mãe que dá à luz[38], mas cuja presença, em particular, a qualidade de presença, exerce tal influência sobre o desejo de estar no mundo, independentemente do fato de ter sido uma mãe ausente ou sufocante e, às vezes, as duas coisas: sufocante na sua demanda de amor, mas ausente no dom do amor. De qualquer modo, ele a teria percebido assim. E, deste modo, aprende toda mulher de quem se aproxima: *demasiado* exigente, invasiva, ou *insuficientemente* amante ou amável. Por gentileza, não seja como minha mãe.

A avidez por uma mulher perfeita conduz o homem à rejeição de todas aquelas que nunca conseguem dar-lhe uma satisfação suficiente para reencontrar, quase sempre, sua mãe. Repetir justamente o que ele não deseja viver, nem reviver de sua primeira relação de amor se, ainda por cima, esta foi difícil. Se aceito minha mãe tal como ela é, posso aceitar mais facilmente um homem, uma mulher, tal como ele ou ela é. A aceitação de minha mãe tal como ela é deve-se, certamente, ao fato de que ela própria me aceitou tal como eu era. O verdadeiro amor aceita as falhas; então, para amar você, já não tenho necessidade de exigir sua perfeição.

No entanto, se fui mal-amado por minha mãe, continuo a esperar que seu amor seja conforme ao que eu desejaria ter recebido. E se já deixei de esperar esse amor de sua parte, vou esperá-lo das mulheres e dos homens de meus relacionamentos, das pessoas que amo. Revivo, assim — sem meu conhecimento —, a relação que havia sido vivida tão penosamente por mim. O homem que teve uma mãe autoritária vai suportar, sem revolta, as injunções de uma mulher autoritária; se a mãe foi possessiva, ele submete-se àquela que o mantém

---

38. No original, "met au monde"; cf. na linha seguinte, "o desejo de estar no mundo" [le désir d'être au monde] (N.T.).

prisioneiro de suas exigências e críticas; no caso de mãe indiferente e distante, o homem escolhe a mulher que o mantém à distância, sem deixar de reclamar incessantemente atenções e um amor que ele próprio não tem... Seria ele assim tão louco para lançar-se na boca do lobo? Tratar-se-ia de inconsciência, de masoquismo, de um fraco poder de reação ou de falta de imaginação com propensão mórbida para a repetição? O fato é que a mulher escolhida nem sempre é aquela que responde ao desejo mais profundo, mas aquela que deve curar as feridas do passado. Faça-me sofrer e ficarei curado.

Além de remeter à mãe, a mulher escolhida é o olhar do pai sobre a mulher e sobre si mesmo. "Meu pai tem uma forte personalidade. Ele seduz todos aqueles com quem priva; à sua frente, nunca me sinto à altura. Quando amo uma mulher, não consigo pensar que ela possa sentir amor por mim. Vou embora ou fico desmontado e faço tudo para que ela me abandone". Meu pai, um herói! Oxalá, eu tivesse conseguido assemelhar-me a ele, agradar-lhe. Então, você, meu amor, certamente, teria sentido amor por mim.

"Eu teria apreciado tanto que meu pai fosse um herói. Meu pai, por que você esteve ausente? Por que cuidou tão pouco de mim?" A moça deplora a ausência do pai. Em sua sede de amor existe a sede dolorosa por um pai. "Para dizer a verdade, meu pai nunca me viu; ele não sabe quem eu sou; no fundo, é como se eu não tivesse pai. Então, procuro um homem que pudesse ser meu pai e cuidar de mim. Mas, ao encontrá-lo, não tenho desejo por ele. Só amo aqueles que, a exemplo de meu pai, não fazem caso de mim". Quero deixar de sofrer, mas amo aqueles que me machucam.

"Meu pai não amou minha mãe. Sofri por ela, mas a critico por ter escolhido um marido tão ruim. Ela poderia ter vivido uma linda história de amor e, assim, teria sido muito mais fácil, para mim, viver uma história semelhante", "Minha mãe não amava meu pai; ela o tratava com desdém e irritação. Ela nunca deixou de desvalorizar, à minha frente, a imagem do homem." Considerando que minha mãe não era feliz, assim também não posso ser feliz com você. Minha mãe não conheceu o amor. Não sei o que é amar; nem sei se amo você.

"Por que teria sido necessário passar tanto tempo antes que eu deixasse de ser maltratada?" Antes de encontrar seu príncipe, a menina tem necessidade de crescer e tornar-se princesa. Ela revive, para superá-los, os sofrimentos da infância e, para vivê-los mais intensamente, "escolhe" quem terá a arte de fazê-la sofrer. "Ao casar com ele, eu o achei tão gentil e tão amável. Não me tinha apercebido de sua violência que é semelhante à de minha mãe: dissimulada, imprevisível e terrificante. Tive necessidade de revivê-la, várias vezes, com outros homens para dar-me conta de que essa reação não era dirigida contra mim, e para decidir-me a encontrar um homem com quem eu pudesse ter um relacionamento carinhoso e equilibrado". Várias "lições" são, às vezes, necessárias, antes de escolher o parceiro conveniente. Lições que constituem outros tantos desafios.

"Minha mãe nunca foi meiga, ela ensinou-me a ser rígida, à sua semelhança; mas, nunca duvidei de seu amor por mim. Os homens por quem sinto afeição declaram seu amor por mim; mas, da mesma forma, acho que não são realmente amantes. Entretanto, conservo a esperança de que venham a manifestar a ternura que tanto desejo." Gosto de ser desafiada. Gosto da idéia de que a vida pode ser diferente do que já vivi. "Apesar de ter compreendido que ele já não me daria mais nada, permaneci com ele. Dizia para comigo mesma que, um dia, ele acabaria por mudar de opinião". Espero de você o amor que não cheguei a receber.

Na maior parte das vezes, prefere-se o desafio a uma situação estabelecida. No desafio, sofre-se pelo que *não se tem*, e nunca por *ter* o que poderia nos privar de uma preciosa — até mesmo dolorosa — sensação de sede. E se a pessoa continua a se queixar, será incentivada a procurar sua satisfação. O desejo de viver, o *élan* vital, encontra-se neste movimento, do não-ter ao ter, da criança ferida ao adulto "reparado", da ausência à presença, do "insuficiente" ao "cada vez mais". O prazer almejado encontra-se na resolução de um sofrimento passado.

O desafio coloca-nos em situação não só de espera, mas também de esperança: a de sermos, finalmente, satisfeitos pelo que ainda não conhecemos. Ficarmos satisfeitos pelo que temos poderia significar que deixamos de estar à procura de outra coisa. O que fazer, então, com nossa insatisfação? No desafio, continuamos a lutar contra as injustiças do passado, perpetuamos o combate contra aqueles que não souberam, ou não puderam, dar o que teria sido nossa expectativa a seu respeito. Interromper o combate seria perdoar o que eles fizeram ou deixaram de fazer. Estarmos em paz, fazermos o presente de uma paz que nos recusamos oferecer a quem nos fez sofrer. Ele, ou ela, machucou-me demais, como poderei esquecer isso? Quem me machucou — o outro, os outros — pode tornar-se o mundo inteiro. "Sinto ódio pela terra inteira devido ao sofrimento que recebi de minha mãe". Odeio você pelo sofrimento que recebi dos outros.

"Fiquei obcecado, durante toda a minha infância, por este pensamento: perguntar à minha mãe 'por que você não sente amor por mim?' Só agora dou-me conta de que o pior é que ela é a minha maior história de amor. Logo que me pedia algo, eu largava tudo para satisfazer seu pedido: eu me sentia em vida porque ela tinha necessidade de mim. E eu deixava de lado aqueles que sempre tinham mostrado seu amor por mim; e, em particular, quando tinham necessidade de mim. Eu prestava toda a atenção àquela que não tinha amor por mim; e nem ia ao encontro daqueles que sentiam amor por mim. E o que é pior, eu os machucava: exigia-lhes sempre cada vez mais, procurando comprovar que eles não sentiam amor por mim. Finalmente, amo apenas aqueles que me oferecem resistência e, até mesmo, me subjugam." Eu o amo porque, com você, eu poderia reparar meus sofrimentos do passado. Amo você para conseguir o que nunca tive; no entanto, você será incapaz de corresponder a essa minha expectativa.

Eu o amo, mas você nunca poderá matar minha sede. "Ninguém poderá tornar-me feliz. Espero que minha mulher venha substituir a mãe que não tive. Uma mãe não-materna. E se uma mulher se torna materna para mim, sinto-me feliz; no entanto, bem depressa, deixo de ter desejo por ela", "Desde a morte de minha mãe tive de aceitar o inaceitável: nunca mais receberei o que ela me negou. E será possível que você, meu amor, consiga dar-me isso?" Se a sede de amor é uma abertura para o amor, para o encontro com o outro e com uma felicidade possível, então uma sede *demasiado* ardente e dolorosa impede o acesso ao outro, ao amor e à vida. Meu sofrimento é intenso demais. Independentemente de quem você seja, persiste a carência que, aliás, não deixará de retornar incessantemente.

> No homem, nada é realizado plenamente, nem sua força,
> Nem sua fraqueza, nem seu coração, e quando acredita
> Abrir os braços, sua sombra é a de uma cruz
> E quando deseja agarrar sua felicidade, ele acaba por esmagá-la.
> Sua vida é um estranho e doloroso divórcio.
> Não existe amor feliz.

Assim, falava Aragon em seu tão belo poema. Nada nunca é realizado plenamente porque o objeto de nossa procura encontra-se em outro lugar: no espaço, no tempo, fora de nosso alcance. Somos demasiado pequenos e, assim, temos permanecido. Ainda somos a criança que deseja o que se encontra na prateleira de cima, que gostaria de viver o que não lhe é destinado e, na maior parte das vezes, gostaria de reparar uma história, certas histórias tristes — que são, ou não, de seu conhecimento. Histórias que não são a sua história. O amor machuca. O amor não é para mim.

"Para mim, nada nunca é realizado plenamente. O mais insignificante prazer, mal tenha sido vivenciado, é questionado pela expectativa de um outro prazer, que demora a chegar. E, por questões incessantes, coloco em dúvida qualquer felicidade possível. Será essa a pessoa conveniente? Estou recebendo/dando um amor suficiente? Se minha vida correspondesse ao que gostaria de viver, isso não passaria de uma evidência. Minhas questões fazem crescer ainda mais minha incerteza." Jamais alguma coisa é realizada plenamente porque a *realidade* deixa sempre demasiadas dúvidas, assim como porque a experiência adquirida fecharia a porta a outros horizontes. Tenho sempre necessidade de algo que *não está presente*. Não me deixe confinado no que já conheço.

Nada se realiza plenamente; por isso minha sede é enorme, imensa, infinita. De tal modo aspiro a uma felicidade que me supere e que, tendo sido circunscrita, me escapa na mesma hora. De tal modo é grande minha expectativa a seu respeito que você será incapaz de satisfazê-la; a vida não pode oferecer-me o que espero dela. Minha sede é demasiado ardente.

Quando a sede é demasiado ardente, nada, nem ninguém, poderá saciá-la: a única resposta é o sonho de um amor absoluto, de uma vida perfeita, mas imaginária. Todo confronto com a realidade é decepção. O outro é apenas carência: sua presença desperta o sofrimento de um ideal ausente. Permanecemos no sonho e a realidade afugenta — ou fugimos dela. Apesar de serem bem-vindos, os projetos permanecem no estado de esboço; por sua vez, apesar de serem abundantes, as promessas não têm qualquer consistência na realidade. Mesmo "gostando de ter sede de você", detesto sua presença.

Quando a sede é demasiado ardente, ela se torna uma razão de viver. Uma sede que se procura exaurir e, ao mesmo tempo, não se deseja perder. Perpetuar a carência do instante evita o encontro com uma carência ainda mais profunda, uma carência sem objeto. Uma carência que não pode ser nomeada e mergulha no nada. Enquanto tenho desejo, eu vivo; se perco totalmente o desejo, deixo de viver. Sinto mais amor por minha sede do que por você.

Quando a sede é demasiado ardente, o outro deixa de existir. Ele é o suporte de uma cura, utilizado com essa finalidade, às vezes, de um prazer fugaz ou de uma necessidade de fortalecer a confiança. Ele está presente não pelo que ele é, mas porque importa saber como ele ama; ele está presente pelo que ele dá, mesmo que não saiba o que deve dar. Objeto de uma exigência, às vezes, sem limites, ele é colocado em cima de um pedestal; em seguida, se não responder à demanda, será simplesmente soterrado. Verifica-se uma concentração nele, em seus atos e em suas afirmações; mas será que alguém sabe, realmente, qual é seu verdadeiro desejo?

Quando a sede é demasiado ardente, além do outro, o desejo está ausente. Ausentes no sentido em que "eles" não têm nome, nem podem ser nomeados. O desejo fixa-se em um objeto e não consegue enxergá-lo ou, então, está disperso: aparece por toda parte, sem nunca encontrar um ponto de apoio. Desejar todas as mulheres, todos os homens, é desejar ninguém. "Estar com uma mulher é perder todas as mulheres", "Ao deixar-se amar por um único homem, você abandona todos os outros que a amam". É assim que o desejo não chega a fixar-se em um lugar particular.

Quando a sede é demasiado ardente, verifica-se a falta de paciência e de discernimento. O parceiro volta-se para o homem, ou a mulher, suscetível de matar a sede do instante, mas a urgência e a precipitação transformam, freqüentemente, sua preferência em uma má escolha: o outro está bem longe da idéia que alguém faz dele e sua presença — ou sua ausência — deixa, em seguida, para não dizer um gosto amargo, uma sede ainda mais dolorosa.

Quando a sede é demasiado ardente, acabamos por nos afastar de nós mesmos e de nosso verdadeiro desejo. Afastamo-nos da nascente: deixamos de saber se existe uma fonte ao nosso alcance e onde deveria ser procurada.

> Senhor, não tens sequer um balde,
> e o poço é fundo,
> de onde vais tirar essa água viva? [...]
> "Senhor, dá-me dessa água
> para que eu não tenha mais sede,
> nem tenha de vir, aqui, para tirar água."

Qual é essa "água viva" que acalmaria minha sede? E seria possível construir um relacionamento que não fosse a partir da carência? De conhecer a felicidade da plenitude e não mais a penosa sensação de um vazio impossível de preencher, à imagem de um poço sem fundo? Eu deixaria de ter a necessidade imperiosa e incessante de ir tirar *fora* o que eu teria *dentro*: esperar de um homem, de uma mulher, que ele, ou ela, seja fonte de amor e de água viva. Eu estaria *animado* do desejo de viver e de amar. Um desejo que já seria fonte antes de ser sede.

Um desejo sem dor, a própria expressão da vida. Da vida em mim, da fonte de vida. Com grande freqüência, espero de você, de seu amor, de meu amor por você, que eles dêem um sentido à minha vida. Ora, não será à vida que cabe atribuir um sentido a meu amor: uma direção, um caminho, uma via "real"? É a vida em mim que chama por você, que o ama e deseja.

"A fonte vital deve ser sempre a própria vida, não uma outra pessoa. Um grande número de pessoas — sobretudo mulheres — extraem suas energias de um outro ser; assim, em vez da própria vida, elas adotam-no como sua fonte vital", afirma Etty Hillesum.

Para a samaritana, a fonte está exaurida porque, mal fica cheia, a bilha esvazia-se. E o coração está ressequido, à semelhança do que pode ocorrer com todo o homem, ou toda a mulher, que não encontra uma fonte que possa desalterá-lo, que não consegue encontrar uma pessoa, seja o marido, a mulher ou alguém à sua volta, que lhe possa matar a sede; ou, então, ainda não encontrou a alma gêmea — o homem ou a mulher — que, finalmente, poderia preencher sua carência. A fonte fica exaurida se estou sempre à espera que um outro descubra a energia da água viva que está em mim.

Quando Jesus se aproxima da samaritana e pede-lhe água para beber, ele sabe que essa mulher tem sede que lhe provoca dor. Jesus é um curandeiro; ele age como curandeiro. Mostra-lhe claramente que entende sua sede e que vai ajudá-la a encontrar sua fonte. No decorrer desse diálogo, em que Jesus começa por exprimir a própria sede — "Dá-me de beber" —, ele coloca a samaritana diante da sua própria sede, convidando-a a beber uma água que lhe estancará a sede: ela nunca mais terá sede. Convida-a, também, a sair da situação de carência, do sofrimento da carência. A encontrar sua fonte de vida em si mesma.

A fim de que, diz ela, "eu já não tenha de voltar aqui para tirar água". Fica extenuada ao buscar água viva, ao buscar amor. Voltar e ainda voltar, incessantemente, a tal atividade, extrair a insondável profundidade de seu desejo, estar cheia de esperança e, em seguida, de novo, sem esperança, e recomeçar uma outra ou várias histórias. Ela conhece o caráter irrisório dessas idas e vindas do desejo — ora o desejo está presente; ora ele desaparece. No entanto, ela continua, obstinada e teimosa, a extrair no local que lhe é indicado: o poço de seus antepassados. Ela vai à fonte do que ela conhece, há inúmeras gerações. E, certamente, repete os comportamentos que lhe foram ensinados, sem pretender rejeitar as leis familiares. Sua sede conhece apenas um caminho: o desejo dos outros. Mas, ainda não conhece o caminho de seu desejo.

Se ela procura com fervor *preencher sua vida*, certamente vai errar o caminho porque não sabe onde está seu verdadeiro desejo – conhece apenas sua parte de sombra, a carência. Ela *preenche a carência* que nem sempre é a sua, mas a dos pais, dos avós... Ela suporta o peso de seus antepassados, um peso tanto maior quanto mais profunda for a memória, como o poço. Ela continua vivendo no passado, ou no futuro, e adia a resposta para suas interrogações fundamentais: quando o Messias vier. "Eu sei que o Messias, quando ele vier, nos explicará tudo". Jesus coloca-a diante do presente, de sua carência tal como ela a vivencia nesse instante, sem deixar de fornecer o meio de satisfazê-la, agora.

Ele lhe diz: a resposta está em ti. Escava o poço do teu desejo. O poço de teu desejo não é o dos outros. Evita dar ouvidos a quem te diz que é necessário ir fazer suas preces sobre esta ou aquela montanha. Não esperes pela vinda do Messias para conheceres teu caminho. "Eu que estou falando contigo, Eu Sou". Neste instante e em ti mesma, podes encontrar a fonte de teu desejo. Não tenhas medo de sentir sede. Poderás beber enquanto não a tiveres estancado. Até a saciedade.

> A água que lhe darei
> tornar-se-á nele uma fonte,
> jorro de vida eterna.

Mas, o fundo do poço, o local onde se encontra a fonte do desejo, está obstruído com crenças do passado, ilusões e desilusões. E o desejo está soterrado sob obrigações e contrariedades, encoberto por ocupações e preocupações. A samaritana desconhece completamente seu desejo, a não ser as expectativas frustradas, a frustração de tantas expectativas. De acordo com a afirmação de Etty Hillesum: "Há em mim um poço muito profundo. E nele existe Deus. Às vezes, consigo alcançá-lo; mas, com grande freqüência, ele está obstruído com pedras e entulho – neste caso, Deus fica soterrado. Então, tenho de voltar a trazê-lo para a luz do dia"[39].

No fundo do poço, existe Deus[40]: *Deus*, o dia, a luz. No fundo do poço, a fonte de vida. No fundo do coração, no recôndito de minha alma, uma luz que jamais se extinguirá. Uma pequena chama, jóia de eternidade, pedra tão preciosa entre as pedras e o entulho. Até mesmo no mais profundo da dor permaneço viva, a vida está presente. Até mesmo se me sentir não amado, tal como seria meu desejo – e ser desejado tal como eu teria gostado de ser –, a vida está presente, latejante em minhas veias. Estamos tão repletos de vida e não o sabemos; nossa vida é tão repleta de alegrias e de felicidade que tudo isso nos passa despercebido.

A samaritana ignora a fonte de vida que está dentro dela. Está adormecida: sonolenta em relação à sua própria vida, ao que ela é. Jesus vai despertá-la desse sono. "Vem a hora, e é agora, em que os verdadeiros adoradores adorarão o Pai *in Pneuma et aletheia*". *Pneuma*, o sopro, e *a-letheia*, sair da letargia, do sono: os verdadeiros adoradores adorarão o Pai no sopro e na vigilância. No sopro, a fonte de vida, com consciência; na consciência do sopro, do sopro de vida.

No dia em que a samaritana retomar conhecimento do que ela *é* – ou tiver conhecimento: será que, algum dia, chegou a ter essa

---

39. No original, "le remettre au jour". Aliás, os termos "luz" e "dia" – em francês, "lumière" e "jour", respectivamente – são retomados na frase seguinte (N.T.).

40. Assinale-se que, no original, o termo é "Dieu", enquanto *Deus* é o étimo latino (N.T.).

consciência? — a crença em sua própria riqueza encherá o poço com uma água eterna. Ela poderá oferecer água viva ao marido que, saciado, lhe retribuirá, por sua vez, com amor e reconhecimento. Ela deixará de esperar para viver no dom e na oferenda. "O ser é dom", conforme diz Jean-Yves Leloup. Dom de si, dom de amor, dom de vida. Fonte infinita de amor e de vida.

> Meu amor é tão profundo quanto o mar[41],
> Com certeza, posso dar-te sem medida, que muito mais me sobra:
> Ambos são infinitos (*Romeu e Julieta*, II, 2).

Tendo ficado na beira do poço, a mulher que despertou, à semelhança da samaritana, para a consciência da fonte, de sua fonte — a mulher, o feminino — pode oferecer ao homem — o masculino — a possibilidade de se saciar. Ela irá convidá-lo, em primeiro lugar, a sentar-se perto dela, a tomar um tempo de descanso, longe da cidade, de sua agitação e de suas distrações. Mesmo que ele seja levado a viver o que deseja mais ardentemente, o homem — ainda mais do que a mulher — receia ser bloqueado no seu movimento. Conforme é demonstrado por Giacometti[42] em suas esculturas, o homem está em posição de marcha, enquanto os dois pés da mulher estão posicionados um ao lado do outro. O homem anda ereto em direção a seu destino, enquanto a mulher está aí, em um tempo imóvel, símbolo de vida e de permanência. Ela pode dar a vida, conhece a possibilidade de plenitude na medida em que a traz em seu bojo. Ela *é* a fonte.

Ela oferece ao homem a possibilidade de *compartilhar seu tempo* (no sentido mais forte do termo), um tempo que escoa na serenida-

---

41. No original, "la mer"; de passagem, vale indicar que, em francês, existe um termo homófono – *la mère* – que significa "mãe" (N.T.).

42. Escultor e pintor suíço (1901-1966) que se instalou em Paris; ele é autor, expressionista, de esculturas caracterizadas por um alongamento extremo – figuras de bronze com modelado vibrante banhado de espaço (N.T.).

de, um tempo não inquietado do tempo. Um tempo parado para contemplar melhor a beleza. Tempo de inspiração, de reflexão, de retorno às fontes. Ao homem que vai ao seu encontro ela permite que se debruce ao seu lado para observar, no fundo, o poço do desejo, o poço da verdade, o poço da alma; o poço do mistério da vida. Mergulhar sem receio nas profundezas do poço e retirar as pedras e o entulho, tudo o que obstrui a mente e torna o coração pesado. Como será possível amar o coração demasiado repleto e a mente ocupada? Ou, antes de encher a taça, não será necessário esvaziá-la?

Não será necessário tomar tempo a fim de que cada um tenha a possibilidade de mergulhar no fundo de seu poço? E permanecer aí o tempo suficiente, concentrado em sua tarefa, fiel a uma pessoa, a um lugar, a uma religião, a uma terapia, fiel, sobretudo, à sua busca, ao essencial de sua busca. Ramakrishna relata a história de um homem que decidiu escavar um poço. Não tendo encontrado água, trocou três vezes de lugar, escavando sempre cada vez mais fundo, mas sem resultado. Desanimado, acabou por abandonar seu projeto. "Se ele tivesse tido a paciência de fazer apenas metade desse trabalho, sem trocar de lugar, ele teria certamente encontrado água". Se tivesse perseverado em seu desejo, fiel ao seu desígnio, ele teria encontrado a nascente.

À imagem das estátuas de Giacometti, como é que o homem e a mulher podem encontrar-se, se um está em posição de marcha quando a outra está parada? Não seria possível, para eles, reservarem um tempo e descerem no poço para "aprofundar aí o relacionamento", além de um outro tempo para marcharem juntos, um ao lado do outro? Neste caso, o homem conduziria a mulher para o seu universo, para a sua busca metafísica — mesmo que, muitas vezes, esta fique bem dissimulada por uma busca mais imediata de objetos e de bens —, para sua necessidade de espaço e de liberdade, seu desejo de observar além, sempre mais longe. Com efeito, se a mulher presta atenção ao homem, a "seu" homem, este, por sua vez, experimenta a necessidade de observá-la, assim como de olhar para além dela. Ele poderá ter um tempo de descanso se sentir a liberdade de continuar sua marcha; por sua vez, ela poderá abrir-se para outros horizontes se tiver a sensação de ser reconhecida no que ela é. Ao ajustarem os passos, ambos permitirão o encontro do tempo com o espaço, a conjugação do feminino com o masculino, para viverem o instante presente na plenitude. Dois seres livres que se deixam atravessar e arrastar pelo sopro de vida.

Amar com a consciência deste sopro implica ser vigilante. Para permanecer água viva, o relacionamento exige estar em vigília. "Ao constituir um casal, convém permanecer vigilantes; tornar-se sua própria sentinela". Estar já em estado de vigília: é necessário velar uma relação como se exerce a vigilância de uma criança. Vê-la crescer e educá-la: vê-la *elevar-se*. Bela e luminosa, como uma chama. No entanto, a chama é tão frágil que exige uma cuidadosa assistência: basta um sopro mais forte para que ela se extinga; uma ausência de ar e, também, ela desaparecerá. Amar na consciência do sopro que nos atravessa é retornar à nascente, sem se perder na ardência de sua sede.

Se a samaritana tivesse aprendido a amar com sua própria fonte e não mais com sua sede, podemos imaginar que, entre os seis maridos, ela teria "tido um"; e se ela tivesse "tido um marido", ele próprio "teria tido uma mulher". Seria possível ter um marido — ou uma mulher — com quem não possui a sensação de ter uma mulher — ou um marido? Se um continua sempre com sede, será que o outro pode levá-lo a compartilhar sua fonte? O primeiro pode repetir, indefinidamente, a experiência do casamento sem nunca ter a sensação de estar casado. E o segundo suportar esta insatisfação e sentir-se impotente para amar e ser amado. Para colocar um termo a esta sede dolorosa, será que se pode aprender a amar?

Certamente, com o decorrer do tempo, tal aprendizagem é possível. "Não sei se poderei amar uma outra pessoa", é o que se pode dizer depois de uma separação. Tradução: não sei se poderei amar de outro modo — será que posso descobrir esse outro em mim, capaz de amar com um outro amor? No entanto, pode-se aprender a amar a mesma pessoa com um outro amor, com um amor que não cessa de evoluir e desabrochar com o tempo.

Aprender a paciência e a perseverança para avançar em direção à fonte de meu desejo e em direção a você, a fim de descobrir o amor através de seu rosto, conhecê-lo melhor em sua similitude e em sua diferença, fazer a experiência de uma sede que não é sofrimento e, finalmente, acreditar que o amor é possível. Vou ao seu encontro com meu desejo, não com minha carência; com minha fonte e não somente com minha sede.

"Meu relacionamento flui com naturalidade"[43]. Em vez de basear-se na carência, meu relacionamento constrói-se a partir de algo pleno. Alimenta-se do que é, em vez do que não é. Nasce do silêncio e não do ruído. Desabrocha na solidão, sem temer a multidão. Enriquece-se com a diversidade, sem se perder na multiplicidade. Vive-se na liberdade, em vez da obrigação; na generosidade, em vez da retenção. Possui a natureza do "um", como a nascente.

A nascente é fluida. Pensar em você não é um pensamento imobilizado pelos termos da carência, por grande número de dúvidas e, sobretudo, de não-ditos. Uma sede nunca saciada que questiona o que você é ou não é, tem ou não tem. Meu pensamento em relação a você faz-se leve, sem críticas, nem rancores. Quando penso em você, *estou* com você em pensamento. Não me contento em *ter* um relacio-

---

43. No original, "coule de source" (N.T.).

namento com você, mas *estou* em relação com você. O que me faz viver não é você, nem o relacionamento; mas, a vida em mim, em você, é que faz viver o relacionamento.

O relacionamento vive em mim. Não o carrego "em mim como um pássaro ferido", conforme o poema de Aragon; ele me carrega, está em mim. Eu *sou* o relacionamento. "Sente-se perfeitamente que ela tem alguém em sua vida", pode-se dizer de uma mulher que deixa vislumbrar a beleza de uma união, o clarão de um vínculo apaziguado, a serenidade da unidade reencontrada, em que se é dois em um, mas cada qual permanece um. "Sente-se que ele teve um novo encontro". O outro está presente, até mesmo sendo invisível. Ou, de preferência, ele está presente através da presença de quem o carrega em si. "Ela está sempre presente comigo". Não é que o "casamento" se realiza, antes de tudo, *no* nosso coração? É possível *estar* casada tendo, ou não, um marido.

Eu com você, você comigo. Ao pensar em você, desejo-lhe todo o bem possível. Dirijo-me a você como sujeito de meu amor e não como objeto. "Eu o escolhi de forma inconsciente. Agora, aprendo a amá-lo com consciência". Aprendo a amá-lo com a consciência do que você é, sem perder a consciência do que eu sou. Como será possível aprender a amar se eu não aprender a amá-lo?

Como será possível amar você se eu não existo? Mas, como será possível amar-nos se, entre você e eu, não existe amor?

O que é infinito não é meu amor, nem o amor de você, mas o amor que nos une.

Ao deixar a bilha, talvez, a samaritana terá compreendido que já não tinha mais necessidade desse objeto. Do poço jorra uma fonte de água viva. De uma água eterna. Daí em diante, ela poderá viver do amor e da água viva. De um amor que é uma água viva.

"Em vez de ter domínio sobre meu amor, sou eu que estou à sua mercê. Nem preciso de ficar vigilante a seu respeito porque ele pertence ao mundo das coisas divinas que nada têm a recear dos redemoinhos da existência. Mas, devo estar vigilante a meu respeito a fim de me impregnar, o mais possível, do mistério que me envolve. O amor nunca está em falta comigo; pelo contrário, eu posso estar em falta com o amor. Minha alma é para o amor o que os pulmões são para o ar: este é inesgotável e nunca irá faltar; em compensação, os pulmões podem desfalecer e deixar de respirar", escreve Gustave Thibon.

III

Qual é a espécie de nosso amor?

"Pedro, tu me amas?"

Jean-Yves Leloup

Depois de comerem
Jesus perguntou a Simão Pedro:
"Simão, filho de João, tu me amas (agapé)
mais do que estes?"
Ele lhe respondeu:
"Sim, Senhor, tu conheces toda a amizade
(philia)
que tenho por Ti."
Jesus lhe disse:
"Sê o pastor de meus cordeiros."
E, pela segunda vez, disse-lhe:
"Simão, filho de João, tu me amas (agapé)?"
E ele respondeu:
"Senhor, tu conheces bem toda a amizade
(philia)
que tenho por Ti."
Ele lhe disse:
"Sê o pastor de meus cordeiros."
Pela terceira vez, Jesus lhe perguntou:
"Simão, filho de João, tens amizade (philia)
por mim?"
Pedro ficou triste porque Ele lhe perguntava,

pela terceira vez: "tu me amas" (philia).
E respondeu:
"Senhor, tu conheces tudo, tu sabes bem
que te amo (philia)."
Ele lhe disse:
"Sê o pastor de meus cordeiros" (Jo
21,15-17, segundo a tradução do ori-
ginal feita por J.-Y. Leloup).

O diálogo entre Pedro e Jesus deixa pressentir as dificuldades
que podemos ter com a palavra "amor"; o discípulo e o Mestre não
falam do mesmo amor e tal diferença torna-se evidente através do
texto grego. Entre *philia* e *agapé* existe a distância que se pode imaginar entre um amor humano bastante evoluído "capaz de aceitar o
outro", capaz de amizade, mas que estará sempre à espera, consciente ou inconscientemente, de algo em troca ou como retribuição, e o
amor divino: amor gratuito, incondicional, sem qualquer expectativa
de retribuição.

É impossível amar os inimigos sob a forma da amizade (*philia*), apenas sob a forma da *agapé*, ou seja, gratuitamente, sem condescendência,
nem ilusões. Ora, Jesus convida seus discípulos ao Amor-*agapé*.

Agapete allelous: "amai-vos uns aos outros". Façam a experiência
desse amor gratuito, sem expectativa de retribuição. Aprendam a amar
como eu os amei e vocês tornar-se-ão o que "Eu sou". "Quem permanece no Amor (*agapé*), permanece em Deus e Deus permanece nele."

Trata-se, evidentemente, de um Amor impossível se for considerado segundo os pressupostos antropológicos materialistas. No
nível psíquico, a pessoa ama para ser amada. Assim, o "amor gratuito" – que não procura, nem espera ser amado em retorno – torna-se

possível apenas por meio da abertura de nosso ser psíquico à dimensão espiritual.

Neste nível de amor, a frase bem conhecida de Lacan pode ser uma excelente introdução: "Amar é dar o que não se tem a alguém que rejeita o que lhe é ofertado".

O amor-*agapé* não é da ordem do ter: não é algo que se possua. Ele dá-se através de nós e, às vezes, sem que tenhamos conhecimento da causa; de qualquer modo, é impossível que algo do exterior possa provocá-lo. Por sua vez, o amor-desejo (*eros*) ou o amor-amizade (*philia*) articulam-se bastante bem no nosso corpo e no nosso psiquismo; esse amor pode ser "possuído". Dar o que não se tem a alguém que rejeita o que lhe é oferecido constitui a própria liberdade em relação a toda expectativa de retorno, sabendo que o outro deseja, raramente, ser amado sob a forma de amor como o amamos — e, ainda bem — mas, sobretudo, quer evitar esse "amor gratuito"; antes de mais nada, tem dúvidas a seu respeito e, até mesmo, não acredita nisso e, inevitavelmente, vai suspeitar de alguma intenção ou interesse ocultos.

O entendimento entre Pedro e Jesus é apenas parcial: o termo "amor" não tem, para um e para o outro, o mesmo sentido, a mesma intensidade, a mesma exigência...

Mas, antes de falar de *philia* e de *agapé*, ou seja, as formas e qualidades superiores de amor, será que podemos fazer a experiência de outras formas e qualidades de amor, cuja diferença convém, igualmente, ser estabelecida? Com efeito, temos o pressentimento de que, ao utilizar a mesma palavra para dizer que "gosto de framboesas, do meu cão, da minha mulher, do trabalho bem feito, da justiça, da arte, da verdade, amo[44] a Deus..." não estamos falando do mesmo

---

44. No original, "aime", única forma verbal utilizada nesta frase entre aspas (N.T.).

amor, nem felizmente da mesma experiência, embora um tênue fio estabeleça a ligação e mantenha junto todas estas diferentes formas de amar.

Escala 1

10	*agapé*		amor gratuito, incondicional	o Ser – Amor
9	*charis*		amor gratidão, celebração	amor desinteressado
8	*eunoia*		amor dedicação, compaixão	
7	*harmonia*		amor harmonia, bondade	
6	*storgé*		amor ternura	amor interessado
5	*philia*	*xeniké*	amizade, troca	
		hetairiké	amizade, hospitalidade	
		erotiké	amizade erótica	
		physiké	amor parental	
4	*eros*		amor erótico	
3	*mania pathé*		amor paixão	*sedução* amor possessivo
2	*pothos*		amor necessidade	*posse*
1	*porneia*		amor apetite	amor captativo *objetivação* *redução*

Os antigos apreciavam as escalas[45] para tentarem simbolizar os diferentes níveis de ser e de consciência, sabendo que a saúde consiste em situar-se, ora em um nível mais baixo, ora em um nível mais elevado, sem deixar de manter a ligação entre as duas extremidades: o extremo mais carnal com o extremo mais espiritual. O próprio homem é, freqüentemente, simbolizado por uma escada. Aliás, essa é a sua missão: estabelecer a ligação entre o céu e a terra, entre o mais divino e o mais humano, a fim de realizar o "arquétipo da síntese".

Seria possível imaginarmos uma escada do amor? E se viver é aprender a amar, não seria precisamente aprender a subir e a descer essa escada de modo a saborear, de cada degrau, a altura e o panorama que ele nos oferece em relação à realidade?

O amor é também um arco-íris que não pode ser reduzido a uma só de suas cores. Cada degrau desta escada, à semelhança de cada cor do arco-íris, é uma experiência particular e insubstituível do Um inumerável do amor.

Em vez da existência de relacionamentos amorosos bem-sucedidos ou ruins, há sim evoluções imobilizadas em um degrau dessa escada. Confinar-se em uma cor é reduzir o amor aos limites de nossa pequena ou "muito grande" experiência.

---

45. No original, "échelles", plural de "échelle", cuja significação, em francês, é dupla: "escada" ou "escala" (N.T.).

Escala 2

10	*agapé*	amor gratuito	O Amor que faz girar a Terra, o coração humano e as outras estrelas – não sou apenas eu que amo e te amo, mas é o Amor que ama em mim
9	*charis*	amor celebração	Amo-te porque eu te amo – é uma alegria – é uma graça amar e te amar – amo-te sem condições – amo-te sem razão
8	*eunoia*	amor dedicação	Gosto de cuidar de ti – estou a serviço do melhor de ti mesmo
7	*harmonia*	amor harmonia	Como a vida é linda quando amamos – estamos bem juntos – contigo, tudo é música – o mundo é mais belo
6	*storgé*	amor ternura	Eu me supero quando estás comigo – sinto muita ternura por ti – estou feliz porque estás comigo
5	*philia*	amor amizade	Tenho respeito – e admiração por ti – aprecio tua diferença – sinto-me bem sem ti – e ainda melhor contigo – és o(a) meu/minha melhor amigo(a) – gosto de estar contigo – és benfazejo para mim
4	*eros*	amor erótico	Sinto desejo por ti – tu dás-me prazer – és lindo(a) – és jovem
3	*mania pathé*	amor paixão	Amo-te de paixão – estou gamado por ti – és meu/minha e só meu/minha – amo-te como um louco(a), não posso viver sem ti
2	*pothos*	amor necessidade	És tudo para mim – sinto necessidade de ti – amo-te como uma criança
1	*porneia*	amor apetite	Vou devorar-te – amo-te como um animal

Do mesmo modo que, na parte final de sua obra *Tractatus*, Wittgenstein afirma que devemos rejeitar a escada que serviu para a nossa subida a fim de "conseguirmos, então, a visão adequada do mundo", eu diria que, para termos uma visão ajustada do amor, trata-se também de esquecer essas escadas, de esquecer igualmente os antolhos sexológicos, psicológicos ou filosóficos com os quais o havíamos observado. Plotino, um apaixonado por escalas, reconhecia que "em vez do Uno, limitamo-nos a falar de nós mesmos, ou seja, do estado do nosso ser, de nosso pensamento (e de nossa afetividade) em relação à sua realidade sempre transcendente".

O mesmo se passa com o amor: em vez dele, falamos dos estados de alma e das experiências de amor vivenciadas por cada um, levando em consideração seus limites e segundo suas capacidades. É muito pouco o que, a partir da intensidade subjetiva de uma vivência, se aprende sobre a realidade que, aparentemente, é sua causa.

Assim, ao lado da abordagem "catafática" do amor, ou seja, a afirmação de que o amor é isto ou aquilo — *eros, philia, agapé* —, deveria ser acrescentado, com o mesmo rigor e a mesma certeza, que o amor não é isto, nem aquilo — *eros, philia, agapé*. Um enfoque apofático é sempre necessário para corrigir as inflações e as pretensões de quem pretende "explicar" o que sempre ficará fora de seu alcance, de suas possibilidades de compreensão.

De certa forma, refletir sobre o amor é situar-se fora dele, é falar do que nos faz falta. Para quem ama, não há tempo, nem espaço para este distanciamento... fica focalizado no Amor e resta-lhe o silêncio agitado do mar.

Do ponto de vista teológico, na esteira da afirmação de São João segundo a qual "o *logos* faz-se carne", poderíamos sublinhar o seguinte: o Amor faz-se carne, ou seja, a Fonte faz-se sede; ela desce das alturas para vir ao encontro de nossas necessidades, de nossas demandas, de nossos desejos.

Conviria, igualmente, não esquecer a outra vertente da *theosis* ortodoxa: "O *logos* faz-se carne para que a carne se faça logos", "A consciência toma corpo para que o corpo tome consciência".

A *agapé*, o Amor, toma corpo para que o corpo se torne Amor. A Fonte faz-se sede para que a sede se faça fonte – o que foi resumido, admiravelmente, por Santo Agostinho: "A Fonte tem sede de ser bebida."

Nossa sede de amor é já o próprio Amor, vivenciado sob o modo da carência, na expectativa do jorro sem questões ou da florescência do dom que nos levará a vivê-lo sob o modo do dom.

Esta escala não é uma escala de valor. Quem ousaria dizer que determinada declaração "eu te amo" tenha mais valor do que uma outra? Aquela de quem está no topo é, sem dúvida, mais livre, enquanto as declarações de quem se encontra nos primeiros degraus são mais dependentes e, portanto, mais dolorosas: mas quem poderá avaliar a "qualidade" de um amor? Quem pretenderá apresentar-se como sua medida?

Esta escala não é um termômetro: não serve para medir o calor, nem a incandescência, tampouco a qualidade de nossos relacionamentos amorosos. Simplesmente, faz-nos lembrar a variedade infinita de experiências a que se pode atribuir o qualificativo "amor". Trata-se de um convite, igualmente, para "afinarmos nossos violinos", nossas maneiras de amar, além de respeitar as escolhas do outro. Estamos, ao mesmo tempo, em todos os degraus. No sábio e no santo, há sempre uma criança adormecida, com fome de ser amada. Ocorre que, por si só, a fome não preenche todo o seu espaço; assim, pela aceitação de suas carências, ela é capaz de desejo e de gratuidade.

O Amor faz-se carne em todas as dimensões da carne; além disso, conviria não esquecer que o Amor que se encarna na pulsão sexual e no apetite carnal é o mesmo que nos torna capazes de oração e de celebração. Existe uma só energia do Amor.

O Amor faz-se carne, esse é o aspecto "descida da escala": fazer descer a graça de ser e de amar em todas as dimensões do humano, mas é também para que a carne se torne Amor, capaz de *ágape*, e esse é o lado ascendente da escala; a evolução através da qual aprendemos não só a amar, mas a tornar-nos o próprio Amor — aquele que segundo Dante "faz girar a Terra, o coração humano e as outras estrelas".

Haveria tanto a dizer e a escrever sobre cada um desses degraus da escada do amor. Em relação à maioria deles já foram escritos muitos textos, mas raramente têm sido tratados de forma articulada. Os especialistas da libido não manifestam qualquer interesse pela espiritualidade, nem pela mística — a não ser para reduzi-las às categorias deles —, e vice-versa: em geral, os "psi" desconfiam dos "(e)spi" (e chegam mesmo a interná-los); por sua vez, os "(e)spi" desconfiam dos "psi" e, às vezes, chegam ao ponto de menosprezá-los, considerando-os como animais dotados de erudição que ainda não tiveram acesso ao nível propriamente humano. Este nosso trabalho está empenhado em lembrar a união possível entre essas duas posturas.

De modo que o homem não separe o que, mediante as tentativas incessantes da vida e do Amor, deve permanecer unido: a matéria e o espírito, o homem e a mulher, a terra e o céu, o homem e Deus, a paixão e a compaixão, o finito e o infinito...

Porneia (1)

O amor *porneia* não é obrigatoriamente aquele que pode ser induzido pelo próprio termo. Antes de tudo, é o amor da criança pela mãe: ao sentir fome, ela tem forçosamente de comer; ora, ao peque-no bicho-papão só resta devorar a mãe. Ela gosta de ser alimentada, de modo que o outro é, para ela, um alimento que deve satisfazer sua carência mais primária: sua fome, uma de suas necessidades básicas. Presume-se que o "objeto materno" deva satisfazer a esta necessida-de; o que é charmoso e natural em um recém-nascido, talvez o seja menos em um adulto que continua a exigir que o outro satisfaça sua carência, reduzindo-o ao objeto-alimento de que tem necessidade para acalmar seus apetites.

No entanto, seja qual for nossa idade, a infância permanece sempre em nós; aliás, hoje em dia, são mais bem conhecidas as pato-logias e as fixações vinculadas à fase oral. A libido pervertida pode in-vestir-se no consumo de alguns líquidos (alcoolismo) que, suposta-mente, poderiam dar satisfação à carência. Ela se manifesta, sobretu-do, nesta atitude que sabe apenas consumir o outro para reduzi-lo, incessantemente, ao mesmo, ou seja, a si. O outro não é diferencia-do; sua única razão de existir é justamente para satisfazer minhas ne-cessidades, sejam elas nutritivas, sexuais ou afetivas.

Consumir ou comungar? Eis os termos da questão. Passar de um comportamento carnívoro, onívoro ou antropófago para um compor-tamento mais humano. Passar da *gastrimargia* para a *eucharistia*, segun-do a terminologia utilizada pelos antigos. É, também, uma forma de reencontrar o clima do paraíso, ou seja, um clima de comunhão. Co-mungar com o Ser através de todos os seres, reconhecer e respeitar sua presença em todos os corpos é também ter acesso a um amor adulto, livre das bulimias ou anorexias infantis, ou seja, livre da avidez, assim como do medo ou da recusa. Se um amor sublime deixa de ter apetite é porque, talvez, ainda não tenha alcançado sua inteireza.

De novo, nada há para recalcar: trata-se de aceitar suas diferen-tes espécies de fome, suas necessidades, seus apetites, sem se tornar escravo de tudo isso; mas, pelo contrário, tornar-se capaz de comunhão com o outro, evitando uma atitude exclusiva de consumar e consumir.

Situar o critério de validade de um casamento em sua "consumação" é uma forma de posicioná-lo em seu escalão mais baixo, no que ele pode ter de mais infantil: o encontro de dois apetites diferentes, mais ou menos ajustados. Ainda não é o encontro entre duas pessoas, de dois sujeitos não-objetos de seus apetites, capazes de viver em comunhão; ainda não se trata de "duas liberdades que se respeitam uma à outra". Neste nível é que deveria ser considerada a validade de um casamento ou de uma aliança; no entanto, convém reconhecer que, segundo este critério, os casamentos válidos — ou, simplesmente, reais — seriam raros.

Na maior parte das vezes, o casamento verifica-se no nível dos inconscientes — pessoal, familiar ou coletivo; a partir daí, torna-se necessário percorrer um caminho de maturação para que o casamento se realize entre duas consciências...

Pothos, pathé, mania (2 e 3)

Esta forma de amor é o prolongamento de *porneia*; no entanto, à dimensão pulsional acrescenta-se a dimensão emotiva que, às vezes, pode bastar-se a si mesma, sem a participação da sexualidade.

"Estou louco por você, não posso viver sem você, estou gamado por você, você é tudo para mim": eis outras tantas expressões que manifestam a intensidade deste estado de exaltação que deixa submersos todos os outros aspectos da pessoa.

Ao lermos o livro *A arte de amar*, de Ovídio, a grande arte consiste em evitar não só as doenças sexualmente transmissíveis, mas as piores doenças – em relação a todas as outras – como são *pothos, pathé* e *mania*, agrupadas atualmente sob a expressão "paixão amorosa". Os antigos consideravam esta paixão como a fonte de todos os males: a perda da razão, a desordem na sociedade, a debilidade mental e, evidentemente, estar possuído por maus espíritos, cujo único exorcismo eficaz passava pela lucidez considerada como a mais elevada forma de oração.

Atualmente, somos muito mais indulgentes em relação a este tipo de amor: ele constitui, inclusive, a matéria essencial de nossos romances e de nossas canções. Para alguns, trata-se do próprio amor, tal como o sonhamos, objeto de nossa procura e de nossa demanda: "Você é tudo para mim; quero ser tudo para você". É possível pressentir o gênero de problemas que poderão ser desencadeados por estas afirmações.

O outro nunca é tudo para mim: eis o que uma mãe ou um pai inteligentes devem tornar compreensível para o filho que mostre tendência a transformar os pais em "todo o seu universo"; do mesmo modo, ele deve conscientizar-se de que não é "tudo para seus pais". Tudo é sempre algo de exagerado e, sobretudo, responsabilidade demais: se eu sou tudo para você, neste caso, sou responsável pela sua felicidade, não posso encontrar outras pessoas porque acabaria por menosprezar o tudo que você é para mim, etc.

A fixação neste tipo de amor enraíza-se, em geral, no período chamado da fase anal, em que a criança aprende o controle do próprio corpo, ao mesmo tempo que o diferencia do corpo da mãe; esse é o momento em que, de diversas maneiras, a criança se apropria do universo circundante, em que ela procura apoderar-se das coisas, literalmente, "sentar-se em cima"...

No adulto, será possível encontrar esta linguagem da posse, seja em relação aos objetos, ao dinheiro ou às pessoas. Então, ele limita-se à apropriar-se das coisas ou a ser possuído por elas: "Acaba-se por ser refém do que se tem", diz o provérbio. O outro é minha posse, pertence-me, do mesmo modo que desejo ser sua pertença; é fácil pressentir todos os problemas de ciúme que poderão ser engendrados por essa postura. É impossível compartilharmos aquilo do qual depende nossa vida: "Se você é tudo para mim, se eu sou nada sem você, então, se você for embora, se você encontrar outras pessoas, resta-me morrer; se você me abandonar, você me mata..."

Por trás de tudo isso, adivinha-se a imensa insegurança de uma criança que não recebeu, desde sua mais tenra idade, a confirmação afetiva de que sentia necessidade para existir. Ora, ela não deixará de exigir tal confirmação a todos os relacionamentos amorosos que, aliás, só poderão ser vivenciados de forma passional; com efeito, é desse modo que ela exige o reconhecimento, o direito de existir — de existir, realmente, para alguém nesta terra.

As crianças espancadas acabam preferindo as pancadas — é melhor do que nada; ou, antes, melhor do que a indiferença ou a ausência da mãe ou do pai. Em vez de qualquer outra situação, os passionais preferem o sofrimento do ciúme ou da raiva — porque o outro estará sempre fora de seu alcance; eles não suportam a carência provocada pela ausência do outro em quem haviam projetado, por um amor de transferência, o Tudo, o próprio Ser que é a origem de seu ser.

Nesta forma de amor, em vez da necessidade em seu estado rudimentar, à semelhança do que ocorre com a pulsão, oculta-se uma demanda de reconhecimento. O fato de prestarmos maior atenção a esta demanda e às carências em que ela está enraizada pode ajudar-nos a refrear nosso arrebatamento ou evitar sermos dominados por aquela pessoa que, tendo esboçado um sorriso e utilizado uma fala amável, parece pretender confirmar-nos, sob o ponto de vista afetivo, em nossa existência e para sempre... Tudo isso, evidentemente, acontece no inconsciente; aliás, o amor à primeira vista[46] nunca é "consciente". Essa manifestação súbita[47] do sentimento amoroso toca o corpo e o coração em seus pontos mais frágeis, ou seja, aí onde a expectativa é mais intensa.

No entanto, o raio após o relâmpago – o eco fugaz de um Outro Dia – é prenúncio de cinzas. Convém saber como o amor-paixão pode ser "redutor" para nós, assim como até onde ele pode nos "enaltecer" desde que, superando-o, sejamos capazes de reconhecer a nós mesmos e ao outro o direito à liberdade. O outro nunca é tudo: sua presença não garante a satisfação de minhas carências, nem de minhas necessidades ou minhas demandas. Ele está presente, talvez, para compartilhar comigo seu desejo e ficar à escuta do meu; ora, este desejo não é o do impossível retorno de uma totalidade ou de uma simbiose com a mãe definitivamente perdida, mas desejo de um possível amplexo amoroso em que se acolhem, em sua finitude, dois seres, certamente, já machucados pela vida e por seus começos incertos, mas, daí em diante, muito mais fortes do que suas feridas.

Eros (4)

Ao amor-*eros* atribui-se, atualmente, uma conotação imediatamente sexual, até mesmo pornográfica, ao passo que, na origem, Eros é um jovem deus ou um anjo, um sexo representado com asas, como que para significar uma libido que, aos poucos, se liberta da influência da necessidade (pulsão) e da demanda (*pothos, pathé, mania*) para elevar-se em direção a qualidades e formas de amor inéditas e desconhecidas.

---

46. No original, "coup de foudre", literalmente: golpe de raio (N.T.).
47. No original, "foudre" que significa "raio" (N.T.).

Com o *eros*, entramos no campo do desejo: desejo de ser desejado e, sem dúvida, de um outro desejo, assim como em um sentido platônico e plotiniano: desejo do que nos supera e eleva.

"Para o que é inferior, o bem (e o belo e, portanto, o desejável) é o que é superior... A subida se elevaria a uma altitude cada vez mais elevada, conferindo ao que se encontra imediatamente acima de cada ser a faculdade de ser o bem para o que se encontra imediatamente abaixo dele", diz Plotino em sua obra *As Enéadas*.

Esse é exatamente o sentido de nossa "escada do amor": a única função de cada um de seus degraus consiste em conduzir-nos ao degrau superior. Um relacionamento amoroso só pode curar-se com um amor maior.

Com o *eros* o amor se torna, propriamente falando, humano; ele introduz — às vezes, para o melhor e, outras vezes, para o pior — a inteligência no instinto, orientando-o ou desorientando-o. Por seu intermédio, o *élan* vital pode realizar-se e superar-se ou, pelo contrário, viciar-se. De qualquer modo, o amor erótico faz com que o animal, ou a criança dependente de suas demandas, tenha acesso ao exercício de uma consciência que pode torná-lo livre, mesmo que seja impossível exigir de todos os amantes e apaixonados impelidos por este desejo ardente[48] que alcem vôo ou se elevem também em direção ao que Platão e Plotino designam como o Belo e o Bem. Amar os corpos belos para descobrir neles a beleza da alma, amar as almas belas para remontar até a própria Beleza da qual elas participam não é um movimento natural para todos aqueles que cultuam Eros.

No entanto, segundo os antigos, *eros* progride sempre em direção ao que está mais acima e é melhor; aliás, esta subida só irá inter-

---

48. No original, "démangeaison des ailes", literalmente: coceira das asas (N.T.).

romper-se com a chegada ao último termo "para além do qual, ainda segundo *As Enéadas*, é impossível apreender seja o que for, mesmo continuando a avançar para cima. E esse será o primeiro Bem, o Bem verdadeiramente bem, o Bem no sentido próprio do termo e, também, a causa de todos os outros bens. Para a matéria, o bem é a forma; para o corpo, é a alma – de fato, sem esta, ele não existiria, nem se conservaria; para a alma, a virtude; e, em seguida, mais longe em direção ao alto, o Espírito; e, acima dele, o que designamos como Natureza Primeira".

Como cada um desses "bens" é fonte de um prazer cada vez mais sutil e duradouro, compreende-se que *eros* não perca tempo com "bens" mais carnais e perceptíveis.

Estamos bem longe, evidentemente, do erótico contemporâneo, o *eros* de nossas "máquinas desejantes" (Deleuze)[49]. Não será esse o jovem deus que, tendo-se desviado de sua orientação primeira em direção ao Verdadeiro, ao Bem, ao Belo, através das belezas, bondades e verdades encarnadas, compraz-se na alternância de suas tensões-distensões e já não conhece outro prazer a não ser o da "descarga" (definição freudiana do prazer)? Como o jovem deus poderá evitar de sentir-se triste e perdido ao estar condenado a conhecer tão-somente a intensidade fluidora da *porneia*? De acordo com a afirmação de Céline[50]: "O amor é o êxtase ao alcance dos cachorros".

---

49. Gilles Deleuze (1925-1995), filósofo francês. Pensador da "diferença", demonstrou, em vários livros escritos em colaboração com Félix Guattari (1930-1992), a importância do desejo e seu aspecto revolucionário diante de todas as instituições, inclusive a psicanalítica, além de ter defendido os direitos da produção inconsciente (N.T.).

50. Louis-Ferdinand Céline (1894-1961), escritor francês. Sua obra (romances e panfletos), escrita em uma linguagem grosseira, eivada de gíria, em um estilo desordenado, insólito e repleto de criações verbais, exerceu profunda influência na literatura francesa contemporânea (N.T.).

Além de se manifestar, atualmente, por certo retorno do romantismo — emotivo mais do que sentimental —, o desejo ardente[51] de *eros* tem assumido determinadas buscas do tipo "neotântrico" em que a sexualidade pode ser considerada como veículo de iluminação.

No sexo, existe outra coisa além do sexo que conduz além, para fora dele — a repetição pode levar apenas à saturação e ao nojo; aliás, essas são as "lágrimas de Eros", segundo o título de um livro de Bataille[52]. Se ousássemos seguir as flechas de *eros*, seríamos, sem dúvida, conduzidos — mais rapidamente do que podemos imaginar — do instinto ao amor, da paixão à compaixão; além disso, se o desejo de *eros* é justamente apagar-se diante de algo maior do que ele ou, para falar como Lacan, se o caráter próprio do desejo é pretender sua morte — postura que não seria contradita pelos budistas —, então, a alegria de *eros* é tornar-se *agapé*.

É, também, deixar o céu abrir-lhe totalmente as asas e tornar-se ele próprio o espaço de um Amor incondicional sem perder suas formas sempre apetitosas e desejáveis...

Philia (5)

Em torno do termo *philia*, cuja tradução pode ser a expressão "amor-amizade", os antigos distinguem diferentes formas de amor que, de novo, convirá integrar e diferenciar.

A *philia physiké* é a forma de amor que um pai ou uma mãe podem ter pelo filho ou que um filho pode ter pelas pessoas de sua família: amor filial ou amor parental que não se pode reduzir a *pothos* ou *porneia*. Aliás, o sinal de uma educação bem-sucedida não será a

---

51. No original, "la démangeaison des ailes" (N.T.).
52. *Les Larmes d'Éros*, de Georges Bataille (1897-1962): escritor francês, cuja obra está focalizada no erotismo e na obsessão da morte (N.T.)

superação pelo(a) filho(a) da necessidade e da demanda em relação aos pais, além de estar em condições de encontrá-los como adultos e como amigos, "amigos que a natureza nos deu", adotando a mesma atitude em relação a irmãos e irmãs?

Do mesmo modo, para os pais, não será uma forma de amor bastante poderosa quando eles deixam de considerar os filhos como crianças – ainda dependentes deles para satisfazerem suas necessidades já que continuam sendo "tudo" para elas – e podem encontrá-los como adultos e conversar com eles a respeito do passado comum, do presente e do futuro?

Todas as famílias, infelizmente, não têm acesso a esta qualidade de amor que, supostamente, ser-nos-ia prodigalizada pela natureza e pelo sangue. Algumas vezes, permanecemos na dependência ou na rejeição (bulimia, anorexia); outras vezes, nas paixões larvadas do incesto ou do incestual. É impossível amar o(a) filho(a) e o(a) amante com o mesmo tipo de amor. Sabemos como esta confusão – reivindicada, por alguns, em nome do amor – pode ser fonte de sofrimento.

Se convém não separar as cores do arco-íris, também é necessário evitar misturá-las. Em ambos os casos, o arco-íris é desestruturado e desaparece; o mesmo ocorre com o amor.

O incesto é um crime porque ele mata não só o amor, mas também o outro que não é incentivado a se diferenciar do mesmo; neste caso, a pessoa torna-se frígida ou impotente. Como o filho, ou a filha, não pode deitar-se com a mãe, ou com o pai, então, eles não assumem o direito de ter uma mulher ou um homem que sejam diferentes de mamãe ou papai.

Seria necessário falar, também, dos comportamentos histéricos: a menina que não foi reconhecida pelo pai enquanto pessoa, mas simplesmente enquanto portadora de um sexo que o deixa fascinado e que, às vezes, faz falta à mãe, terá dificuldade em comportar-se normalmente ou naturalmente com os homens — e vice-versa, o comportamento histérico nos homens, de acordo com os estudos atuais, encontra-se em pleno desenvolvimento, como é demonstrado por Jean-Pierre Winter no seu livro *Les errants de la chair*[53].

Uma relação saudável e simples com o pai ou a mãe é, talvez, a condição para que alguém seja capaz de um relacionamento saudável e simples com o outro, ou seja, uma amizade (*philia*) livre não só dos mecanismos da necessidade e da demanda, mas também da sedução.

No entanto, na *philia erotiké*, parece haver espaço para a sedução: a do jogo e não da captação. Eros já tem as asas bem abertas no que poderia ser designado como "amizade-amorosa": libertou-se da influência da paixão e ama o outro enquanto outro. O fato de procurar agradar e dar prazer a si próprio não é obrigatoriamente o sinal de um édipo mal resolvido ou de uma histeria enrustida, mas simplesmente trata-se de acrescentar o picante do encanto à felicidade de estar junto.

É impossível ter várias paixões ao mesmo tempo; caso contrário, o cotidiano será marcado por dilaceramentos ou por grande fadiga! Sem dúvida, é possível viver várias amizades amorosas; neste caso, o ciúme normalmente deve ser menos intenso e doloroso nos relacionamentos que pretendem ser adultos e conscientes em que o importante é que o outro — aquele que amo — seja cada vez mais feliz com, ou sem, a "minha" presença em sua vida...

A "amizade amorosa" é rara porque é difícil conseguir o equilíbrio entre o apego amoroso (muitas vezes, exclusivo) e o respeito pela liberdade que pressupõe uma verdadeira amizade.

---

53. Os errantes da carne (N.T.).

 141

Mas o que é uma verdadeira amizade, a *philia hetairiké*, o amor pelos amigos, do mesmo sexo ou de sexo oposto? Ele pressupõe, antes de tudo, uma sexualidade, não ausente, mas apaziguada; caso contrário, retornamos à paixão – seja ela homossexual ou heterossexual. Ele supõe, igualmente, certa liberdade em relação a nossas necessidades, a nossas demandas e a nosso *eros* considerado no sentido de desejos carnais: meu amigo não é meu pai, nem minha mãe, nem meu irmão, nem minha irmã, nem meu/minha amante, nem meu marido, nem minha mulher. Algumas vezes, ele é isso; todavia, enquanto amigo, é mais do que tudo isso.

Ele é, antes de tudo, um outro que me confirma em minha alteridade. Não temos, obrigatoriamente, a mesma fé, nem os mesmos pensamentos, nem os mesmos desejos – e antes assim; eis a oportunidade para um intercâmbio que não conduz necessariamente ao conflito, nem ao enfrentamento. É, também, meu semelhante; ele me confirma na minha identidade. Não pode haver amizade entre um senhor e um escravo, nem entre um empregador e um subordinado, a menos que ambos sejam capazes de esquecer suas funções e seus respectivos papéis.

Se a amizade é uma das formas mais elevadas do amor que possamos conhecer nesta vida, ainda não é a *agapé*, o amor incondicional – sem expectativa de retribuição. A amizade é expectativa de um intercâmbio, de um relacionamento em que cada um deve entrar com sua parte. Espera-se de um amigo que ele nos compreenda ou, se isso for impossível para ele, que procure, pelo menos, compreender ou que nos aceite com nossa diferença...

Ao falar do casamento como um espaço que torna possível a confidência, a possibilidade oferecida a cada um para se confessar e se mostrar tal como é ao outro, em seus melhores e piores aspectos, em seus recantos de sombra e de luz, Gabriel Marcel[54] não estaria fazendo menção à amizade? Eis o que corresponde verdadeiramente à realidade, já que convém evitar o desnudamento diante de qualquer pessoa, diante de alguém que pudesse tirar proveito da situação para afirmar sua necessidade de dominação e de poder.

Não convém desnudar-se, mostrar-se tal qual se é, confessar como a um outro si mesmo seus pontos fortes e fracos, diante de um relacionamento amoroso qualquer, mas apenas diante da pessoa amada. O(a) apaixonado(a) suporta dificilmente as confissões de fraqueza da(o) amada(o); somente o amigo é capaz de acolher-nos não como gostaríamos de ser, mas tal como somos. Ele está presente para nos confirmar não em nossas ilusões – papel do lisonjeador e do falso amigo –, mas em nossa realidade.

Há, ainda, uma outra forma de *philia*: a *philia xeniké*, o "amor-hospitalidade".

Trata-se de uma forma de amor raramente mencionada. No entanto, em determinadas culturas, este tipo de amor dá testemunho do mais elevado grau de civilização: o amor e o acolhimento do estrangeiro. Neste amor, temos acesso à qualidade bem desenvolvida nas diferentes formas de amizade já evocadas, ou seja, o amor pelo outro enquanto outro, que eu reconheço e por quem manifesto respeito por sua "estranheza", pelo que há nele de desconhecido e incognoscível. Acolher este outro é, de certa forma, acolher o Totalmente Outro; ora, essa atitude supõe certa relação com a transcendência, assim como uma identidade forte e uma segurança pessoal

54. Filósofo e dramaturgo francês (1889-1973). Sua reflexão parte das relações humanas e da noção do "outro" para chegar à noção de Deus; pertence à corrente do existencialismo cristão (N.T.).

bem firme porque o acolhimento do outro só será possível se a pessoa estiver bem consigo mesma.

Espera-se, sem dúvida, deste estrangeiro que ele respeite nossas leis e nossos costumes, além de apreciar nossa hospitalidade; e, se for incapaz de retribuí-la, que, pelo menos, seja agradecido. Neste amor pelo estrangeiro, aproximamo-nos do amor desinteressado que doa e acolhe sem nada esperar como retribuição.

Storgé, harmonia (6 e 7)

Até aqui o amor estava condicionado por nossa relação com um outro exterior; neste nível da escada, além de ser condicionado por esta relação, o amor é uma qualidade intrínseca à pessoa. A ternura e a bondade são qualidades internas que afetam e transformam o sujeito que as manifesta, assim como os seres e as coisas que o rodeiam.

Ao falar de amor, podemos nos perguntar se o problema é de ser amado, de se sentir amado ou de amar, de ser capaz de manifestar seu amor.

A arte de amar será saber como ser amado, ser amável? Ou será a arte de tornar-se "amante"?[55]

O amor será um problema de objeto: quem merece ser amado? Ou será um problema de faculdade: como amar (as pessoas encontradas no dia-a-dia e tudo o que me acontece)?

Será encontrar o bom objeto para amar? O objeto lindo de amor e de desejo? Ou será reencontrar o uso desta função, desta faculdade de amar? Capacidade que subsiste sejam quais forem as circunstâncias exteriores e após a partida ou o desaparecimento dos seres amados.

---

55. No original, "aimante" (N.T.).

Neste caso, trata-se não mais de um amor dependente de uma relação, mas de um amor considerado como um "estado de ser" ou um "estado de consciência".

O amor é, então, uma irradiação do ser profundo da pessoa e manifesta-se como uma ternura infinita em relação a todos os seres. Esta noção de ternura é, assim, uma forma de compaixão menos abstrata, ainda "personalizada", que se dirige ao outro em suas dimensões mais carnais e as respeita. Neste aspecto, encontramos as qualidades da amizade, desta vez dotadas de uma abertura que não está focalizada unicamente no outro, mas dirige-se a todo o seu entorno. Existe algo de solar na ternura e na bondade: de acordo com o Evangelho, é "um sol que brilha sobre maus e bons, sobre justos e injustos".

"Tenham um sol dentro de vocês!" Eis uma fala comum ao Cristo e ao Buda. Trata-se não só de praticar atos de amor, mas de ser amor; além disso, na irradiação de tal bondade é que os seres podem existir, crescer e alcançar seu pleno desabrochamento.

É assim que os seres bons, ao irradiarem este Amor que não lhes pertence, mas que os transpassa e habita, podem ser fontes de harmonia.

Quando se verifica a união entre dois seres amantes no sentido de *storgé*, eles restabelecem a própria harmonia entre o céu e a terra; ora, nem sempre é o que ocorre na união entre duas pessoas loucamente apaixonadas uma pela outra (*pathé, mania, pothos*).

Esta vida de harmonia é mais familiar aos orientais — particularmente na China —, para quem o amor é mais vivenciado no nível da consciência a alcançar do que na relação a ser mantida: "A vida do marido com a mulher representa a mistura harmoniosa do *yin* com o *yang*; ela estabelece a comunhão do homem com os espíritos. Ela reafirma a imensa envergadura do céu e da terra, além da ordem grandiosa das relações humanas. Eis por que o livro dos ritos prestigia a relação do homem com a mulher, enquanto o livro das odes celebra a união sexual do homem com sua esposa", escreve Robert van Gulik em seu livro *La vie sexuelle dans la Chine Ancienne*[56].

A dimensão sexual, assim como a dimensão emotiva e afetiva, não estão excluídas desta via do "amor-ternura-e-harmonia", mas são reposicionadas em seu devido nível no âmbito de um conjunto mais amplo, menos "egóico" ou egocentrado; elas deixam de ser um obstáculo ao desenvolvimento do sujeito em direção à plenitude da compaixão de que ele é capaz.

Eunoia (8)

O Amor não é somente irradiação do Ser, partilha de uma plenitude interior, sol que brilha sobre maus e bons, mas também sol que age em favor de maus e bons. A compaixão é a bondade em atos, não apenas em palavras ou em irradiação; trata-se da mais elevada prova de ternura, ainda, designada por "dedicação". Jesus, o Ensinador, nunca se apresenta como um mestre ou como o detentor de um poder, mas como o Servo: "Vós me chamais de Mestre e Senhor; e dizeis bem porque eu sou... Eu, porém, estou no meio de vós como aquele que serve" (Jo 13,13; Lc 22,27).

"Há mais alegria em dar do que em receber, em servir do que em ser servido": estas palavras nos fazem lembrar que, no estágio de *eunoia*, já não estamos do lado da sede, mas da fonte; não mais do lado da necessidade, nem da demanda, tampouco do desejo, mas do lado do dom, do que se doa, na própria doação de nossos atos.

56. A vida sexual na China Antiga (N.T.).

Os outros já não se encontram a nosso serviço, já não se limitam a preencher nossas carências, mas para que os amemos tais como eles são e em quaisquer circunstâncias.

Servir não é ser servil – por trás de toda a forma de servilismo há uma expectativa, seja de recompensa ou de reconhecimento. Mas servir da forma como os mestres são os únicos a saber fazê-lo: sem ostentação, nem falsa humildade, e com toda a liberdade.

O Amor é o único tesouro que cresce na medida em que é gasto. Esta generosidade, esta compaixão em relação a todos os seres vivos, exprime apenas o dom que se encontra no próprio fundo do ser daqueles que são chamados "servos"; este título é, para eles, preferível aos de mestre, sábio ou santo, os quais ameaçam confiná-los em uma imagem em que eles seriam idolatrados.

Amar, servir, é gastar sua imagem, ou seja, a melhor forma de superá-la. Estar a serviço da vida e do amor, incondicionalmente, agir a partir do melhor de si mesmo, "escolher a melhor parte" é, sem dúvida, o único necessário para nos aproximarmos da beatitude dos últimos dois degraus de nossa escada; beatitude que, certamente, nunca será "piegas"[57], nem evitará os sofrimentos porque – hoje como ontem – "o Amor ainda continua sem ser amado".

Charis, agapé (9 e 10)

Neste estágio, aproximamo-nos daquilo que não pode ser verbalizado; com efeito, não há palavras capazes de exprimir a mais intensa dor ou a mais profunda alegria.

---

57. No original, "béate"; assinale-se que, para beatitude, o autor utiliza o termo "béatitude" (N.T.).

 *147*

Aqueles que chegaram a experimentar a *charis* — termo traduzido em latim por *caritas* e, em português, por "caridade" — sabem que tal experiência nada tem a ver com a alegria de dar uma esmola (de acordo com o sentido comumente aceito da palavra caridade).

A este propósito, esquecemos que dar esmola é simples justiça: dar a quem não tem. E, além de fazer o bem ao outro, trata-se de fazer o bem a si mesmo, de modo que esse mínimo de generosidade é, também, o mínimo da saúde da alma e do coração.

A *charis* é mais do que isso: é dar e doar-se com alegria. O ego, meus interesses, meus desejos, minhas demandas deixam de ser um obstáculo já que são superados pela pujança de um amor que me vem de outro lugar, que me é dado gratuitamente — os termos "gratuito" e "graça" têm a mesma etimologia — e que se dá gratuitamente.

Eis o que, às vezes, é designado por "estado de graça". Tudo é simples, o amor flui naturalmente[58], alimentando-se, inclusive, com os obstáculos e as oposições que encontra em seu caminho. Deus é o nome atribuído pelos cristãos a este amor.

Como o Amor (*agapé*) é o único Deus que não é um ídolo, neste caso só podemos "nos apropriar" dele, "possuí-lo", na medida em que o damos.

Este Amor é um Outro em nós, uma outra consciência, um amor totalmente diferente de todos aqueles que pudéssemos ter vivenciado anteriormente. Além disso, é impossível compará-lo com o que quer que seja; neste sentido, ele é santo — *kadesh*, em hebraico, significa incomparável, que não tem qualquer semelhança com algo existente. Este amor não destrói nada: nem a criança em nós com suas necessidades; nem o adolescente com suas demandas; nem o adulto com de-

---

58. No original, "coule de source" (N.T.).

sejos. Pelo contrário, torna-nos livres de todas as formas de amor que, porventura, tivéssemos considerado como o Amor.

Neste nível de consciência, amor e liberdade estão entrelaçados, já não há dualidade, o homem está aberto em todas as dimensões de seu ser: altura, comprimento e profundidade. Ele permanece no estado de Aberto; uma porta, inúmeros braços, abriram-se nele e ninguém conseguirá fechá-los...

Neste amor humano gratuito e incondicional revela-se um Ser que é *agapé*, não um ato puro de existir, nem um motor imóvel, mas um sujeito amante, o que abre o Ser... Será necessário, ainda, desenvolver – à semelhança de alguns filósofos e fenomenólogos contemporâneos, tais como Michel Henry e Jean-Luc Marion – as conseqüências desta passagem (desta Páscoa) de uma metafísica do Ser para uma metafísica da *agapé*, ou seja, superação das ontoteologias em direção não à insondável vacuidade, mas aos abismos do Dom?

O "Eu sou" do amor (*agapé*)
não é um ente no qual "há" algo do ser
um ente confirmado
pelo "há" algo do Ser
ou pelo fato de que eu possa ter dúvidas a esse
respeito
ou pensá-lo.
A aquiescência a este "há"
me confirma como objeto
mas de que serve? e para quê?
por quê? para quem
eu sou?
Como posso existir-ser se não sou amado(a)?
para que haja ser
é necessário o Ser,
uma primeira doação.

"Eu sou" é um dado:
o reconhecimento do que me dá o ser,
existo-sou apenas por um algo além
um outro que me faz ser
o que sou
e o que sou,
além de um ente
no qual há algo do ser,
é um ser
no qual há algo do dom.
O Dom que o faz ser
e torna ele próprio
capaz de Dom,
capaz de ser o primeiro a amar.
Se existe Deus
é porque, antecedendo o ser,
há dom do Ser.
Quem poderá resistir à provação
da futilidade,
da vacuidade do ser?

Buda vivenciou esta provação, experimentou a futilidade de todas as coisas. Deste modo, ele podia declarar: não há *self*, nem existe Ser (não existe Deus).

Mas, se o ente não é um "há algo do Ser", se o ente é um ser amado, uma gratuidade (graça), uma doação, esta experiência conduz-nos à proximidade do Dom (da gratuidade – da graça) que precede o Ser; ora, sua beatitude e, talvez, a nossa, despertou desse pressentimento.

Caríssimos,
Amemo-nos uns aos outros
porque o amor vem de Deus
e todo aquele que ama

nasceu de Deus e conhece Deus.
Quem não ama, não chegou a conhecer Deus,
pois Deus é Amor (*agapé*) (1Jo 4,7-8).

Caríssimos,
desde já somos filhos de Deus,
mas nem sequer se manifestou o que seremos.
Sabemos que, no momento dessa manifestação,
seremos semelhantes a ele
porque o veremos tal como Ele É (1Jo 3,2).

Conheceremos a realidade tal como ela é e não tal como a concebemos nos nossos limites; amaremos do modo como somente o Amor sabe amar.

Mas, atualmente, podemos viver este Amor em todos os níveis de nossa escada.

Introduzir um pouco mais de consciência, de liberdade e de *agapé*, em nossas necessidades, nossas demandas e nossos desejos, assim como nas nossas paixões e nossas amizades. Introduzir algo do Aberto, ou seja, espaço e leveza, em todos os nossos relacionamentos amorosos.

A "insustentável leveza do ser", a incomparável liberdade do Amor; com efeito, nem mesmo a morte poderá nos retirar o que tivermos dado.

Àquele que dá a vida,
ninguém poderá retirá-la.
Ele já está ressuscitado,
ele é o próprio Amor, *agapé*, Passante – Passador
que se doa, doação do Ser...

"Pedro, tu me amas?

— Senhor, tu sabes bem de que tipo de amor sou capaz; uma escada está erguida entre nós por meio da qual, durante minha vida inteira, tentarei ir ao teu encontro.

— Mas, enquanto sobes tua escada, não esqueças que estou descendo...

Estou aí onde estás

Amo aí onde tu amas."

Do amor-demanda ao amor-doação

Catherine Bensaid

> *Pedro, tu me amas (*agapé*)?*
> *— Sim, Senhor, tu conheces toda a amiza-*
> *de (*philia*)*
> *que tenho por ti* (Jo 21,25).

Na maior parte das vezes, a pergunta é a seguinte: como é seu amor por mim? Mas será que alguém se formula esta questão: como é que eu amo? Como eu amo você? Em ambos os casos, será que temos conhecimento de que tipo de amor estamos falando? Qual é o tipo de nosso amor? No diálogo entre Pedro e Jesus, o primeiro responde em termos de *philia* a Jesus que, por sua vez, lhe pergunta, em termos de *agapé*, se ele o ama. Apesar de utilizarem a mesma palavra, o amor referido por cada um é diferente.

O amor — e o modo como é chamado — depende daquele(a) que o vivencia e daquele(a) a quem é dirigido. Diferentemente do amor que se pode experimentar pelo sol, por chocolate ou pelo seu cão, o amor humano possui uma verdadeira paleta de cores para ser vivenciado e manifestado; aliás, tais cores formam um quadro que varia de acordo com cada pessoa e, para a mesma pessoa, segundo as circunstâncias de sua vida — o amor pelo amante é diferente do amor pelo filho e o amor aos vinte anos é diferente do amor aos quarenta ou sessenta. Além das cores, seria possível falar de notas de música que compõem uma melodia própria a cada relacionamento, a cada instante da relação. A riqueza, a tonalidade, a intensidade dos sentimentos apóiam-se na riqueza, tonalidade e intensidade do relacionamento. O amor só adquire sentido a partir de um "tu" e de um "eu": aprender a amar é aprender a *te* amar.

No amor, há sempre um "tu": às vezes, ausente, ainda desconhecido ou, então, invisível, desencarnado, mas há um "tu" a quem é dirigido o amor. Um "tu" que permite *matar* a sede, colocar o outro em seu pensamento, seu olhar e sua fala. Um "tu" que estabelece limites diante de uma demanda ilimitada, fixa o "finito" diante de uma expectativa infinita, define uma realidade diante de um ideal de amor que, em vez de saciar, faz crescer a sede. Um "tu" que faz de ti, e não de um outro, aquele(a) que amo. Um "tu" que faz de ti minha predileção.

Enquanto "tu", não sei quem és; aliás, é difícil saber como eu te amo. É possível dizer como eu *poderia* te amar, de que maneira eu *gostaria* de te amar, o que eu poderia esperar de teu amor e como eu responderia a esse amor. No entanto, não consigo saber como eu te amo. Não consigo saber como meu amor, por seres tal como és, toma esta forma e não uma outra. É certo que eu amaria um outro de outra maneira e um terceiro, também, de outro modo... e assim por diante. Minha forma de amor não é unívoca; mesmo que eu tenha *minha própria* maneira de amar.

Apesar da particularidade da minha maneira de amar, ela comporta várias formas de exprimir o amor. O adulto que sou, em determinados aspectos, é ainda uma criança; no entanto, ele também já tem vivido, amado de diferentes formas, já experimentou outros tipos de "tu" que me modelaram e fizeram o que sou. A começar por meus pais. Quem quer que sejas, eu irei impor-te, além do amor que recebi, aquele que me foi negado. Serás semelhante a eles, mesmo que eu tenha te escolhido por razões diferentes. Ou procederei de tal modo que terás um comportamento semelhante ao de meu pai, de minha mãe, mesmo que isso não corresponda ao meu desejo. Isso é assim. No dia de nosso encontro, começa uma história, mas a partir do encontro de duas histórias. Duas histórias que se relatam uma à outra. Duas histórias diferentes uma da outra. De saída, duas declarações "eu te amo" que assumem formas diferentes, duas declarações "eu te amo" que são, de um lado, minha maneira de amar e, do outro, tua maneira de amar. O encontro de dois seres com sede de amor.

Ao me declarares teu amor e quando eu te digo que te amo, não dizemos a mesma coisa. Assim, nem sempre é fácil chegar a um entendimento. O amor não será justamente cada um ficar à escuta do amor que nos aproxima e nos diferencia? Quero aprender o que me dizes quando me declaras "eu te amo" e, por mim mesmo, quero aprender o que digo quando afirmo "eu te amo". Antes que eu te faça escutar essa declaração.

O amor não é uma lição extraída de coisas. Vive-se ele muito mais do que se relata; nem sempre tem necessidade de ser bem compreendido para ser mais bem vivenciado. O amor dispõe de termos diferentes daqueles que são utilizados por um pensamento em expectativa que, por meio de palavras, procura apaziguar-se. O amor tem sua linguagem: a do coração e do corpo. E do mesmo modo, cada história de amor é embalada por seu canto melodioso, de dia e de noite.

Que importa saber como eu te amo, se eu te amo? Tanto mais que nunca conseguirei saber os motivos do meu amor por ti. "Na minha vida, amei muitas mulheres: uma para me fazer companhia, eu gostava demais falar com ela; outra por suas pernas que excitavam meu desejo; ainda, uma outra pelos pratos que preparava e a felicidade de estar à mesa. No entanto, quando encontrei minha mulher – sem que eu saiba a razão – apaixonei-me logo por ela e ainda a amo."

Eu te amo e, no fundo, pouco importa saber os motivos de meu amor por ti. Todavia, isso não significa que vou deixar de aprender a amar-te cada vez mais. Amar-te é apenas o começo de uma longa história; amar-te é necessário, mas não suficiente para que esta história seja linda. Posso amar-te, mas de forma inadequada a ponto de machucar-te. Posso amar-te e, por teu intermédio, machucar-me porque não te compreendo ou sofro ao compreender-te. Conheço apenas o amor que tenho vivenciado bem ou/e mal. Aprendo contigo a saber o que é um relacionamento amoroso bem vivido.

Aprendo a amar-te; um "eu te amo" que se dirige a ti e nem sempre é a repetição de minhas dores do passado, continuidade das necessidades do neném que fui – e ainda sou. Um "eu te amo" que vai evoluir da *porneia* – o "amor-necessidade" do neném – à *agapé* – o amor que se dá, que é inteiramente dom de amor –, passando pelos outros degraus da escada. Um "eu te amo" que, no decorrer do tempo, torna-se mais leve e, também, mais denso; que cresce e nos faz crescer; que, amadurecendo, é uma oportunidade para ti e para mim – o tu e o eu do relacionamento – de um amadurecimento.

"O amor é a oportunidade única de amadurecer, de tomar forma, de tornar-se a si mesmo um mundo para o amor do ser amado. É uma exigência rigorosa, uma ambição sem limites, transformando quem ama em um escolhido que recebe o apelo da imensidão do espaço", escreve Rilke[59].

Ainda será necessário o desejo de aprender, de aceitar o mergulho no fundo do poço para avançar ao encontro da minha fonte e ali-

---

59. Rainer Maria Rilke (1875-1926), escritor austríaco; em seus poemas, passou do simbolismo para a procura do significado real da arte e da morte (N.T.).

mentar, com água viva, meu amor por ti. Ao descer no poço, subo para os degraus mais elevados da escada: a luz está no fundo do poço, assim como no topo da escada. E não só aqui, mas também em outro lugar, vou ao teu encontro; ao tocar no mais fundo de minha fonte, estou cada vez mais próximo de ti. Ao acalmar minha sede, posso, finalmente, responder à tua. Ao liberar-me de meus sofrimentos para ficar o mais perto possível da energia do amor que está em mim, posso, finalmente, amar-te com um amor que é livre. Ser livre de te amar. Com um amor que já não espera de ti o infinito porque esta fonte de amor infinito está em mim.

Amar-te não será subir e descer contigo os diferentes degraus da escada? "Ora o neném sou eu, ora é ele. Às vezes, sou sua mãe e, outras vezes, ele é meu pai. E depois, é meu irmão, meu amigo, meu amante". E compartilhar um amor encarnado *ao mesmo tempo* que um amor espiritual? Vivê-lo *juntos*: com efeito, se um de nós está no alto, enquanto o outro embaixo, ou se um de nós espera amizade do outro que se encontra no "amor-paixão", não estamos falando e, sobretudo, não estamos vivendo o mesmo tipo de amor, "não nos encontramos no mesmo comprimento de onda". Amar-te é levar-te a descobrir uma forma de amar — um dos degraus da escada — que desconheces ou conheces mal e, graças a ti, abrir-me para outra maneira de amar diferente daquela que já conheço. Amar-te é ser solidário de teus desejos, sem deixar de escutar os meus. Amar-te é duvidar da maneira como sei ou não amar-te, mas não do amor que nos une. Quem se formula demasiadas questões a respeito do relacionamento esquece de vivê-lo: não está no alto, nem embaixo da escada. Estará ele, realmente, na escada?

Amar-te é *estar em tua companhia*.

Estar comigo antes de estar em tua companhia. Estar vivo e compartilhar minha vida, a vida, contigo.

Em *tua* companhia, porque és tu e tenho respeito pelo que és. Eu te amo tal como és. Aprendi a amar-te em tua singularidade, em tua maneira única de estar no mundo. Tua maneira única de amar. De teu amor por mim. E de acolher meu amor.

Em tua *companhia*: solidário, cúmplice, confiante, atento, prestativo...

Amo a criança que tu és e a criança que sou contigo; amo o(a) adolescente apaixonado(a) que tu és e o(a) adolescente que revive a teu lado; amo o(a) amante; amo o(a) amigo(a); amo a graça que nos une; amo o que não amas em ti; e amo o belo de ti que ignoras.

E, em cada dia, aprendo a amar-te cada vez melhor.

Porneia (1)

> *Você diz que ama as flores*
> *e as corta.*
> *Você diz que ama os peixes*
> *e os come.*
> *Você diz que ama os pássaros*
> *e os prende em gaiola.*
> *Quando você me declara "Eu te amo",*
> *eu sinto medo...* (Jacques Prévert[60]).

Ao declarar seu amor o que você pretenderá fazer de mim? Tenho medo de que você me prenda em gaiola, impedindo-me de alçar vôo. Tenho medo de que você confine minha vida em uma redoma, ou seja, o espaço reduzido de suas necessidades e de seu próprio mundo. Tenho medo de que você me corte das minhas raízes, dos

---

60. Poeta francês (1900-1977) que alia imagens insólitas à zombaria popular (N.T.).

meus verdadeiros desejos, de meus *élans* de vida. Tenho medo de que você me devore; de que sua fome me devore e se apodere de minha vida, de meus sonhos, de minhas esperanças.

Quando você declara seu amor por mim, tenho medo de seu próprio medo de não ser amado, de suas necessidades e de suas carências. De sua voracidade. De ser engolido pela urgência e pela impaciência de seu desejo. Sufocado, aniquilado pela violência de seus apetites: tudo, e imediatamente; caso contrário, nada.

"Se eu me imagino criança no colo de minha mãe, eu não tinha braços, nem pernas. Com os pés e mãos amarrados, eu não passava de um objeto de que os outros dispunham a seu bel-prazer." Tocado excessiva ou insuficientemente, com doçura ou sem respeito, mimado com demasiado amor ou deixado ao abandono em uma fome jamais saciada, meu corpo ficou impregnado de tudo isso. Demasiado amado, mal-amado, às vezes mal-amado por ter sido demasiado amado, como poderia evitar a marca indelével de todas essas lembranças soterradas? Se amo como uma criança, tenho medo de ser amado, assim como de amar do modo como eu o havia sido. Tenho medo de ser devorado porque eu mesmo não sei fazer outra coisa. O pequeno bicho-papão tem medo do grande bicho-papão.

Quando você declara seu amor por mim, pergunto-me como se manifesta e se manifestará seu amor. Não terei de reviver o que já passei na minha infância: sentir-me tão dependente, entregue nas mãos daqueles que dizem ter amor por mim; e, certamente, eles têm amor por mim, mas de que modo? Mais ou menos "bem": nem sempre é possível estar "entre boas mãos". Existem mãos que não chegaram a aprender a amar, a acariciar. Mãos demasiado suaves ou compressoras, mãos distantes, ausentes, superficiais, ocupadas com outros pensamentos, preocupadas com outras tarefas, com outros desejos. Mãos que "não estão presentes" e, a quem é tocado desta forma, deixam a sensação de não estar presente, de não existir. Se, enquanto neném, não existo para você, como poderei sentir minha existência? Até mesmo, muito amado, existe um tocar em que me sinto negado. Não é assim que tenho necessidade de ser mimado, acarinhado, acariciado.

Alguns, em seu dom de amor, consideraram-me "bom como pão: amavam-me com tanto ardor que eu sufocava sob seus beijos. "Você é tão gentil que tenho vontade de devorá-lo", "Você é linda demais". Ao ouvir a leitura da história do *Chapeuzinho vermelho*, eu tinha medo de ser devorado pelo "grande lobo mau". Enquanto "pequeno", sentia-me ameaçado pelo amor dos "grandes"; ainda continuo com medo de ser engolido, aniquilado, por você, por seu amor. Por você que declara que sente amor por mim.

Quando eu era criança, sentia necessidade de minha mãe e de meu pai; mas eles, também, tinham necessidade de mim. No amor que me davam, havia uma demanda. "Meus pais devotavam-me um amor exclusivo, sufocante, com a expectativa de que eu lhes desse o amor que não tinham recebido ou, então, contavam comigo para fortalecer-lhes a confiança diante de suas angústias e inquietações – a seu ou a meu respeito. Neste momento, tenho receio de quem me aperte com demasiada força em seus braços e venha invadir minha vida, meu espaço de vida, com seus medos e sua ansiedade." Mesmo que eu sinta que sou amável, atento, além de ter uma paciência infinita, ainda carrego em mim a demanda, também infinita, que me foi apresentada e tenho receio de ficar confinado em uma expectativa à qual jamais poderei responder. E se não lhe dou uma resposta, manifesta-se o temor de não ser amado.

"Não quero ser devoradora como minha mãe. Absorvo os outros e impeço que eles tenham sua própria vida; isso transborda em mim. Quando amo, tenho vontade de abraçar, de apertar com todas as minhas forças; isso é forte demais." Não será que minha atitude é semelhante à de minha mãe: uma demanda devoradora, uma voracidade jamais saciada em relação ao que me é ofertado? Tenho bulimia de seu amor; e ao sentir falta de amor, devoro, bebo, fumo e sugo em um seio de substituição. E, então, sinto-me tão mal que rejeito você, com violência, do mesmo modo que eu me havia precipitado sobre tudo o que eu pudesse engolir a fim de preencher meu vazio. Devoro você e, em seguida, eu o "vomito".

"Ela é meiga, charmosa e, de repente, desaparece e foge de mim como se eu fosse o capeta." Do mesmo modo, aproximo-me de você, procuro sua intimidade, sua doçura, seu calor; e depois, afasto-me como se eu tivesse tocado no fogo e isso fosse algo de perigoso. Estabeleço uma distância entre nós: silêncio, ausência, atrasos nos encontros, em responder a você e em declarar-lhe meu amor, assim como à minha expectativa em relação ao seu amor. Permaneço isolado. Meu corpo arde de desejo para encontrar você, mas ele fica bloqueado.

Com o distanciamento de minha mãe, meu corpo esfriava; tenho necessidade de muito tempo e de amor para aprender a me esquentar, de novo. E se conservo certo distanciamento é porque o único vínculo que conheço é precisamente a distância; o que não me evita de continuar sofrendo, desde que a pressinto naquele ou naquela que tem amor por mim. No entanto, esse distanciamento já me é familiar e, à semelhança de tudo o que é conhecido, infunde-me confiança. Assim, não avanço ao seu encontro quando você vem ao meu encontro; no entanto, se você insistir, com o passar do tempo, eu aceito ser amado e deixo que você mostre seu amor por mim. Aprendo a ser amado.

O único comportamento que conheço é aquele que tenho vivenciado desde a minha mais tenra idade. Mesmo que eu lhe resista e lute com todas as minhas forças para evitar a repetição do que me fez sofrer, minhas necessidades persistem, minha sede está presente e é intensa, como reflexo do que vivi; mas, não sei fazer de outra maneira senão o que já conheço. Com meu coração e com minha carne. No mais profundo da minha carne. Somente o tempo, a experiência e a consciência de meus atos podem ajudar-me a agir de outro modo. A amar você de outra maneira.

Quando amo você como a criança que eu era, e ainda continua em mim, meus sentimentos, meus atos são presididos por minha infância machucada, por meus sofrimentos ainda não curados. Minhas escolhas, minhas escolhas de vida, minha vida, não me pertencem. Acredito que o amo, mas será mesmo você quem amo? E você, tal como eu o escolhi, pode ter amor por mim?

Acredito encontrar amor quando, afinal, estou à procura de reparação, de auto-estima, de consolo. Vivo no engodo de pretender, assim, preencher minhas carências e minhas frustrações. "Aquele" que me domina e dirige minha vida é a criança que carrego em mim; às vezes, o neném ainda bem pequenininho. Não deixo de ser um neném inquieto e infeliz, atento por estar dependente totalmente dos mais insignificantes sinais de atenção que me são enviados, vendo em você apenas a promessa de ser aliviado de uma tensão exacerbada que ocupa todo o meu corpo e cada um de meus pensamentos. O neném que eu sou espera tudo de ti, mas de um "tu" indiferenciado; um "tu", cujo rosto exprime apenas o bom que podes dar-me ou a carência consecutiva ao que me negas. O neném em mim enxerga tão-somente o que lhe é, ou não, ofertado.

O neném alimenta-se do outro: o seio – ou a mamadeira – é seu principal horizonte. Como seria possível evitar a total dependência dele? E esta expectativa não liga para os detalhes, fica desorientada se tiver de enfrentar a ausência do seio. Quando amo como uma criança, como um neném, você é um objeto que sabe – ou mostra-se incapaz de – prover minhas necessidades. "Eu o amo: ele é de tal modo gentil, não cessa de dizer que me acha linda e está feliz comigo. Ele está pronto a enfrentar seja o que for para dar-me prazer", "Eu amo minha namorada: nunca fui tão amado como por ela". Eu amo você porque amo o amor que você me dá.

Se a criança que eu era não se sentiu amada, ela vai à procura do amor que não recebeu. Ela vai *distribuir* sorrisos, cafunés; mas, com tanta generosidade, limita-se a oferecer suas expectativas, suas demandas de amor. "Escolhi amar você; por conseguinte, espero que você tenha amor por mim". A escolha em amar você e não um outro, não será o mais belo presente que possa existir? Desejar que você esteja comigo é um dom que lhe faço; entrego-me inteiramente a você, abandono-me com todo o meu corpo, com toda a minha alma, com todo o meu amor; não será seu dever sentir amor por mim? E não terei o direito de dizer-lhe, em seguida, se estou insatisfeito: "Repare bem, entreguei-me totalmente e nada recebi em troca"? O direito de lamentar-me, de queixar-me, de reclamar cada vez mais e de afirmar: "Já que é assim, daqui em diante, não darei mais nada". A criança infeliz que eu era, e ainda sou, não tem consciência do que lhe é dado e, menos ainda, do que ela pode dar.

Já adulto, revisito meu passado à luz de um presente insatisfeito. Vejo-me como uma criança, vítima de uma profunda injustiça, mal amada, abandonada. E, no decorrer do tempo, acumulo as marcas de amor e as atenções que eu deveria ter recebido, colocando o ser amado, aquele que já conheço ou que vou encontrar, na situação delicada de ser obrigado a me consolar dos desgostos que ele ignora e a reparar danos a respeito dos quais não tem a mínima idéia. Espero de você um amor como eu nunca fui amado.

Quanto tempo será necessário para que o neném que está em mim se torne mais maduro, ou seja, capaz de lucidez em relação ao amor que não recebeu, além de aceitar esse amor faltante, evitando de exigi-lo do homem ou da mulher que vou encontrar? E não confunda a necessidade perpétua de fortalecer a auto-estima com o amor: abandonar a dependência de minha própria necessidade e tomar consciência do que, na minha infância, teria engendrado tal dependência? Talvez eu tenha conhecido apenas um relacionamento de objeto e, assim, vou repetir o mesmo tipo de relacionamento. Vou manipular do mesmo modo que fui manipulado. Tenho de ser sujeito para poder considerar o outro como um sujeito.

Neste estágio, ainda é impossível falar de amor. Trata-se, antes, de um instinto de sobrevivência, de uma pulsão. Um apetite vivenciado como uma necessidade de alimentar-se do outro: consumir alimentos, além de conforto e reconhecimento. A criança procura a mãe, o pai, que não teve, mas pode ser para o outro, o homem ou a mulher que encontra, o pai ou a mãe que gostaria de ter tido. "Gosto do homem que ele é, com sua parte de criança. Gosto que tenha necessidade de mim", "Gosto que ela permaneça uma menina, apesar de sua aparência de mulher: gosto de apertá-la nos meus braços como uma menininha frágil e abandonada. Neste caso, sinto-me importante".

O outro – o "neném" de quem nos tornamos a mãe, o pai –, em sua sede de reparação, de reconhecimento e de absoluto, vem saciar-se em nossa fonte de amor. Temos tanto para dar; ele tem tanto para receber. Nosso prazer em oferecer encontra eco em sua felicidade em acolher. Homem ou mulher, somos a mãe nutritiva: oferecemos nosso colo para acolhê-lo em melhores condições e oferecer-lhe as iguarias que ele deseja; nosso olhar para que possa refletir-se nele e contemplar sua beleza; nossas mãos para acariciá-lo como ele nunca havia sido acariciado. Tudo acaba sendo lindo para aquele ou aquela que se tornou nosso filho: o filho de nosso coração.

Ele alimenta-se o melhor possível de nós mesmos; serve-se do que tem necessidade – exatamente nos aspectos em que nós próprios sentimos necessidade de "prestar serviço". E encontramos alegria em sua própria alegria e energia no que ele nos toma. Até o dia em que perdemos toda a força; o corpo fraqueja, a cabeça esvazia-se, os membros tornam-se exangues. O que teria acontecido?

"Como é que, exibindo aquele sorriso de anjo, ele me machucou tanto? Como pode afirmar que tem amor por mim e comportar-se da forma como ele faz?" O golpe é, realmente, cruel para quem alimentou o outro com toda a sua força de amor para ser rejeitado, em determinado dia, com tamanha violência e ódio.

A escolha de amor da criança que está sempre presente em nós – uma criança que tem "demasiada" necessidade de ser amada – pode ser uma escolha perigosa. Para o outro e para si mesmo: ela machuca e se machuca. Para o outro, que é esvaziado em sua necessidade de amor e é abandonado tão logo se encontre sem mais substância nutritiva. Um outro que, inclusive, pode ser odiado: "Tenho necessidade do que ela me dá, mas a odeio por ser capaz de amar. Então, quero vingar-me: destruir o que ela é e que eu não sou". E uma escolha perigosa para si mesmo: em sua vulnerabilidade, ele encontra quem pode destruí-lo. Faz a escolha de relações perigosas ou coloca-se em situação de perigo. "Ele falava tão bem, dizia-me tudo o que eu tinha vontade de ouvir. Eu era feliz porque sentia tanto desejo de acreditar nele". Em minha necessidade de fortalecer a auto-estima, procuro saber se lhe agrado, mas não tomo o tempo de saber quem você é.

O que o outro "coloca" no relacionamento pode ser bem diferente da minha expectativa. Se sinto fome demais, não tomo o tempo de escolher a fruta exposta nas prateleiras, pego "ao acaso". E acredito que me alimento com uma "fruta podre": quero acalmar minha fome com aquilo que me "deixa com fome". Considero como um desejo o que é, ainda, uma necessidade. E penso que o outro serviu-se de mim quando, afinal, eu é que me servi dele. Não o escolhi pelo que ele é, mas pelo que ele tem ou pretende ter: um haver que preenche meu vazio existencial.

Desde que tomo consciência de minha carência e deixo de esperar que o outro venha preenchê-la, já não me encontro em um relacionamento de objeto – nem materno, nem maternal – e aceito a idéia de que eu possa ser amável mesmo que tenha sido mal-amado – ou seja, não como teria sido meu desejo –, dando a partida para minha vida de adulto. Estou em um relacionamento amoroso que, em vez de uma sujeição, está sendo construído. Evoluo em uma relação em que o outro existe e o reconheço em sua alteridade para sua e minha felicidade.

A criança que ama em nós lembra-se da maneira como foi amada. Às vezes, mergulha na nostalgia e sonha em continuar a ser o reizinho, a pequena rainha, o príncipe ou a princesa, que, porventura, tinha sido no coração dos pais. Permanece o adulto a respeito do qual se diz, tratando-se de uma mulher, que ela manifesta os "caprichos de menina": "Pare com esse jeito de menina"; e, tratando-se de um homem, que é "ainda um moleque": "Fico irritado com seu comportamento de criança". "Com freqüência, ouço o seguinte: 'Pare de se comportar como uma criança', mas não tenho consciência disso".

A criança angustiada e cheia de caprichos que ainda somos – cheia de caprichos em decorrência de sua angústia – não é a parte mais consciente de nós mesmos, capaz de lançar um olhar lúcido e inteligente em relação a nossos atos. Deste modo, não é a parte mais amante, mais amável e mais plenamente realizada: a que leva a viver o máximo de felicidade. Assim, ser adulto não é tornar-se sensato, mas triste; cauteloso, mas tendo perdido todos os sonhos e todas as expectativas. Ser adulto é tornar-se capaz de viver a felicidade tanto almejada por nós.

Orientar-se para uma escolha de adulto é avançar em direção de uma lucidez, autonomia e consciência cada vez maiores. Evoluir de uma necessidade suportada e, quase sempre, contrariada, para um desejo assumido e vivenciado; não para um sonho, mas para a realidade. Amo o outro pelo que ele é, ele próprio e não um outro, não porque o "eu" do "eu o amo" seja um "eu" incompleto: um "eu" de criança, cuja expectativa é a de que o outro lhe dê vida. Um vazio que tem necessidade de ser preenchido. Uma sede que procura, loucamente, a fonte.

"Diante do vazio, há necessidade de passarelas." A passarela pode ser um prazer imediato, a ser consumido logo. No entanto, não será ainda maior o vazio subseqüente? O sonho toma o lugar da realidade, o sonho de tudo o que poderia ser vivenciado. As trocas de olhares, de sorrisos e de falas são outras tantas promessas de uma felicidade possível. Às vezes, o desejo, simplesmente, de verificar que a "resistência" do outro acaba sucumbindo a meus encantos é uma prova de que posso agradar, ser amado, amável. E depois? Depois, veremos. Minhas pulsões, assim como as da conquista e da sedução, obedecem à minha necessidade de fortalecer a auto-estima.

Ao "consumir", meu prazer subseqüente é fugaz. Alimentos corporais ou psíquicos: esgotam-se rapidamente. Apenas saciado, minha ansiedade pode encontrar, nas horas subseqüentes, o suficiente para se alimentar, de novo. "Ela não me deu notícias logo depois do nosso encontro; então, não lhe agradei", "Disse-me que está cansado; deduzo que não deseja encontrar-se comigo. Ele não sente amor por mim". O consumo é como uma droga: exige sempre a repetição das doses e satisfaz apenas por um período bem curto. "Ela dava-me tudo aquilo de que eu tinha necessidade; agora, tenho vontade de outra coisa".

Se já não estou no "consumo", mas na "comunhão", encontro-me no topo da escada, sem deixar de permanecer criança, apaixonado, amoroso, amigo. Cresci e, agora, há um tu e um eu, abertos para uma outra consciência do relacionamento. Para uma dimensão de eternidade em que você é um ser em sua inteireza, assim como eu. Somos guiados pelo amor e não mais pelas minhas necessidades nem pela sua falta.

Sinto apetite por você, mas a criança que eu sou não se serve de meus apetites; pelo contrário, brinca, diverte-se, goza a vida. Sua fome é meiga; sua gulodice, lúdica; sua sensibilidade, livre e generosa; seus arrebatamentos, respeitosos. O desejo está sem necessidade. O amor é dom.

> Tenho fome de tua boca, de tua voz, de teu pêlo,
> e pelas ruas vou sem nutrir-me, calado,
> não me sustenta o pão, a aurora me desequilibra,
> busco o som líquido de teus pés no dia (Pablo
> Neruda. *La centaine d'amour*. "J'ai faim de toi"[61]).

Photos, pathé, mania (2 e 3)

Quem poderia me dizer que, um dia, o amor me tocaria através de você? Eu nunca poderia imaginar que amaria tanto você, que eu seria capaz de amar tanto. Com você, eis-me submersa na abundância de soluços e de risos, de lágrimas e, de novo, risadas. Teria ficado louca, perdido a consciência e, inclusive, minha inocência para vir ao seu en-

---

61. "Tenho fome de ti" (cf. *Cem sonetos de amor*. Porto Alegre: L&PM Pocket, 2001, p. 17 [Tradução de Carlos Nejar]) (N.T.).

contro, suplicando-lhe, humilhando-me, submetendo-me à sua lei, não tendo outra expectativa além de você ou do que vem de você?

Você é que me dá minha vida e a retoma de mim. O que será que você tem em suas mãos de modo que meu único desejo é o de senti-las em meu corpo, sentir sua pele colada na minha, seu sopro tão próximo que minha respiração se faz através de você? Meu desejo é que você nunca se afaste porque, como você sabe, se isso acontecesse, eu morreria. Prefiro morrer a viver sem você; e prefiro sua morte para que você não continue a viver sem mim.

É assim que amo você, quando eu o amo de paixão. Quero você, exclusivamente, para mim. Meu único desejo é você, perto de mim, bem pegadinho, tão perto que nada possa separar-nos, nem nossos corpos, nem nossos pensamentos, nem nossos desejos, nem nosso amor. Quero alimentar-me unicamente em seu seio, conhecer como única paisagem a curva de seu corpo, submeter-me apenas à violência de seu desejo. Quero ser amado por você como eu o amo, com a mesma intensidade; que você veja o mundo através de mim, do mesmo modo que eu vejo o mundo através de você. Que seu desejo seja tão ardente quanto o meu. Você pertence-me e eu pertenço a você.

"Quando ele me disse: 'Nada serei sem você, e você nada será sem mim', aceitei logo sua proposta." A fruição de uma fusão com o seio materno, a unidade reencontrada a tal ponto que já não é possível saber de nós dois quem é você e quem sou eu, posso, finalmente, vivê-la ou revivê-la com você. E para sempre. Daí em diante, nada poderá separar-nos. "Eu vivo para você e você para mim".

Aquele ou aquela que ama de paixão espera do outro um amor incondicional, total, absoluto. Neste caso, o amor restringe-se ao sofrimento: um sofrimento que se alimenta de um desejo de posse sem limites e de um ciúme incessante relativo a tudo o que o outro vive.

"Não suporto que ela olhe para outro homem. E, do mesmo modo, não suporto que um homem olhe para ela". Posse e ciúme, cujo apaziguamento é totalmente impossível; inclusive, a presença e o amor do outro não evitam as dúvidas em relação a esse amor. "Quando ela diz que tem amor por mim, não acredito em sua declaração". Mesmo estando aí, você já não está aí; e estando comigo, já sinto sua falta.

"Quando ele não está perto, sinto sua falta; eis a prova de que o amo", "Se estou com medo, se estremeço, se penso nela, dia e noite, ao ponto de não conseguir adormecer, nem alimentar-me, então tenho a certeza de que a amo", "Se estou sempre aí, enquanto ela me machuca tanto, é certamente porque eu a amo". Será porque meu sofrimento é tão grande que amo você tanto, ou porque o amo loucamente que acabei ficando maluco? Perco a razão.

> Amo. Não penses que a meus próprios olhos
> Inocente, os ardores meus aprove;
> Nem que do fero amor que me enlouquece
> Nutra o veneno a minha complacência (Racine.
> *Fedra*, II, 5)[62].

A dor corresponde a uma demanda apavorada e desesperada diante de um amor que é recusado. Demanda que faz eco a uma demanda no passado já rejeitada, negada, ignorada. O neném, a criança cresceram, mas o adolescente conserva na memória um amor infeliz e não sabe pensar o amor de uma outra forma. "Minha mãe nunca me dava o banho, nunca me beijava, nunca me dirigia palavras meigas. E quando eu chorava, ela ameaçava castigar-me; e se me revoltava, as punições tornavam-se ainda mais severas. Meu sofrimento trans-

---

62. Jean Racine (1639-1699), poeta dramático francês; seu teatro pinta a paixão como uma força infernal que destrói quem dela esteja possuído. Esta tradução deve-se a Sebastião Francisco de Mendo Trigoso, *in* Teatro Francês. Rio de Janeiro, 1950 [Clássicos Jackson, vol. XXVIII] (N.T.).

formou-se em raiva; raiva que acabei por calar. No entanto, nunca vou esquecer meu sofrimento". Amar é sofrer; sofrer é amar. Sofro, logo eu o amo.

"Dei-lhe tudo, até mesmo o sofrimento", declarou D'Annunzio[63] à intérprete de suas peças, Duse — de acordo com a citação de Florence Montreynaud. Depois que conheci você, nunca mais tive paz. Em sua presença, sou o mais feliz dos homens; e, depois, uma palavra sua, uma palavra a mais, uma palavra ausente, um olhar que não me observa, um sorriso que não é dirigido para mim — afinal, ele se dirige para quem? Prefiro nem pensar nisso, embora não possa evitar tal pensamento — e mergulho em uma situação infernal. Como teria sido possível tornar-me o joguete de um mal-entendido? Com efeito, conheço bem a dor que me invade; sou eu o único responsável por esse sofrimento.

O que é que você fez de mim, maldita bruxa que me conhece melhor do que eu próprio? Você é uma traidora que não cumpriu as promessas em que acabei por acreditar. No entanto, você era jovem, extravagante, apaixonada por liberdade. Você desejava viver sua vida e eu pretendia mantê-la perto de mim. Você tornou-se cada vez mais triste e eu cada vez mais infeliz. Você já não é mais aquela pessoa que conheci, sorridente, feliz e amante. Agora, estou em prantos e posso ver suas lágrimas. E quando você sorri, já não consigo sorrir; quando dou uma risada, você nem esboça um sorriso.

Senti-me tão jovem com você. Eu tinha encontrado a força e a vitalidade do homem jovem que eu nunca tinha sido. Com você, eu tinha voltado a ter 20 anos, mesmo que eu já tivesse deixado para

---

63. Gabriele D'Annunzio (1863-1938), escritor italiano; autor de poesias, peças de teatro e romances em que se mesclam o culto da beleza e o requinte simbolista (N.T.).

trás essa idade, há muito tempo; ora, no espaço de um ano, envelheci mais do que em toda a minha vida. Sem você, não sou nada; sem você, eu morro; sem você, eu me odeio. Você é a única pessoa que pode ensinar-me a amar.

"Ao encontrá-la, eu me detestava. Foi ela quem voltou a dar-me a força de amar, assim como a ilusão de que eu poderia ser amado." Aquele ou aquela que ama de paixão fica na expectativa de que o outro lhe permita fortalecer a auto-estima já que ele não se ama. Corre, então, para braços não-amantes ou se perde em um relacionamento amoroso impossível e doloroso. Se eu tivesse auto-estima, eu não amaria você.

Não foi verdade que corri para seus braços porque eu sabia que eles seriam minha perdição, que eu me perderia neles? Não me entreguei totalmente a você, sabendo que, um dia, você me rejeitaria? Eu o desejava porque você sentia desejo por mim, mas eu já suspeitava de que, um dia, eu seria o joguete de seus caprichos. Por sua causa, já não voltarei a ser eu mesmo; no entanto, continuo a sentir desejo de você. Não entendo o que se passa comigo. Eu o amo, mas detesto-me por amá-lo.

No estado de paixão, nosso comportamento é semelhante ao de um drogado que, rapidamente, é subjugado pelo que parecia estar sob controle. A pessoa deixa de ter autodomínio. E se julga entrar nesse estado por brincadeira, acaba bem depressa por tornar-se o joguete de sua paixão, o objeto de suas próprias pulsões. E o objeto das pulsões do outro. Sente desejo de pertencer-lhe e ser tudo para ele. E nada mais é para si mesma. Eu o amo e me entrego totalmente a você. Amo entregar-me a você. Quero que você tome conta de mim.

Alguns experimentam um ardente prazer em entregarem-se ao outro em um movimento de abandono. Até o momento em que eles próprios perdem seu autodomínio. Durante um tempo, havia sido agradável entregarem nas mãos de um outro a responsabilidade por um destino demasiado pesado a carregar, fugirem do que lhes proporcionava uma sensação de enfado e de ociosidade, felizes por trazerem algo de picante a uma vida demasiado monótona, cômoda e tranqüila. Eles julgavam que, finalmente, isso era *viver*, que eram *livres*. "Gosto do sentimento que estou experimentando, das emoções e sensações que se liberam, fora de qualquer ordem restritiva e limitativa. Sinto-me leve, inclusive, esquecendo minhas responsabilidades e uma vida rotineira repleta de obrigações e deveres". Com você, volto a viver.

Sou o homem jovem, a mulher jovem, que descobre a vida, mas não consigo apreciá-la se não estou com você. Tenho a alegria e a inocência dos noivos. Mas também, a impaciência e a inconsciência da adolescência. A loucura, a pulsão, a insensatez. A necessidade de acreditar no absoluto; caso contrário, nada. Quero ser livre; mas, não será verdade que me alienei a meu desejo de liberdade — livre em relação a quem, a quê? —, assim como a você? Então, que fiz de minha liberdade? Sinto-me livre apenas com você.

Mas que liberdade é essa que depende de um outro? É difícil ser livre. Ser verdadeiramente livre: diante de si mesmo e de seu destino, consciente de seus atos e de sua responsabilidade. O adolescente apaixonado pretende libertar-se dos pais, das obrigações de uma vida demasiado "normal", para levar uma "vida de loucas paixões". Mas que faz ele senão viver o amor sob sua forma mais penosa e alienante? Entrega seu coração, seu corpo e seu espírito nas mãos de um outro. Seus sentimentos, desejos, pensamentos deixaram de estar sob seu controle; e um outro deve decidir a respeito de sua felicidade e de sua vida. Não será uma forma de entregar a alma ao capeta? O capeta que não é o outro, mas ele próprio. Ao deixar de ter autodomínio não se diz, habitualmente, que o indivíduo está *possuído*? A paixão é dar ao outro o espaço para representar sua própria loucura. Um outro, cuja existência depende do papel que lhe é atribuído: apesar das aparências, não o de mocinho, mas o de bandido. Amar, loucamente, apaixonadamente, nada absolutamente...

Aquele ou aquela que é enxergado através do olhar – do fogo – da paixão faz figura de corpo presente apenas para reparar todos os sofrimentos do passado, fazendo-os reviver. Ele, ou ela, é o telão em que é projetada a história de todas as suas expectativas e frustrações. E aquele(a) que deverá suportar, em seguida, toda a violência das decepções do passado. Odeio você tanto quanto o amei.

Entre "amo você" e "tenho-lhe ódio"[64], assiste-se a um deslize progressivo, não do prazer, mas do amor para o ódio. A declaração "Quero você inteiramente para mim, exclusivamente para mim" parece justificar direitos que se exprimem com raiva e cólera, chegando inclusive ao desejo de morte. A expressão "Tenho domínio sobre você e você é meu" torna-se "Tomo posse de tudo o que lhe pertence". O dinheiro torna-se moeda de troca de amor ou, antes, moeda de um amor ausente, mas vivenciado como um débito. Você tem de me dar tudo o que deixou de me dar.

Assim, pode-se exigir muito de um homem, de uma mulher, que já não desperta senão um sentimento de rancor, até mesmo de desprezo, como ressentimento por todos os abandonos no passado. Do mesmo modo, pode-se dar muito àquele ou àquela por quem não se sente nem desejo, nem prazer, considerado(a) responsável por não, ou ter deixado de, amar como deveria ser – ainda, neste aspecto, como memória de uma ausência de amor culpável em relação

---

64. No original, "je te veux" e "je t'en veux", respectivamente (N.T.).

à mãe ou ao pai. Por trás desses vínculos "passionais" em que tudo separa seres humanos que não conseguem separar-se, não estará um apego, não ao ser amado, mas a seu próprio passado? "Dependo" de você, estou "vinculado" a você. O que será que me suporta, qual será esse vínculo?

Existem escravidões às quais estamos acorrentados. A escravidão do dever: familiar, social, cultural. E, certamente, o mais forte de todos: a escravidão de nossos sentimentos e de nossos sentidos. Acabamos por "amar" nossos algozes, mesmo que nos defendamos deles. Mesmo que saibamos como seria indispensável nos desvincular deles. "Há quanto tempo eu deveria ter ido embora! Mas, não consigo. Alguns dizem-me que devo amar o sofrimento! Não concordo. No entanto, nutro a expectativa de que, um dia, ele modifique sua maneira de ser", "Tenho de suportar, continuamente, suas cóleras, seu mau humor, seus caprichos. E permaneço com ela. Tenho a possibilidade de encontrar mulheres meigas e charmosas, mas não deixei de sentir desejo por ela".

Crescer não será sair de um relacionamento dominador-dominado — "Fujo de você e você vem atrás de mim; você procura desembaraçar-se de mim e eu vou em seu encalço" — que, afinal, perde sua razão de ser na medida em que avançamos, não propriamente em idade, mas em maturidade? Na situação de impotência, por um lado, em sentirmo-nos amados e, por outro, em amarmos, pensamos atrair aquele ou aquela que *escapa* a nosso amor, escapulindo-nos nós mesmos, mas para *sermos apanhados* ainda mais rapidamente: "Volto-lhe as costas, como uma criança amuada, pensando que o outro vai dirigir-se a mim para suplicar meu retorno". Do mesmo modo, se o outro foge, nos obstinamos em correr em seu encalço. Mas, corremos atrás de quê? Atrás de quem? Atrás de seu passado, cujo amor nos escapou e tem tanta importância para nós?

Como adultos, se o outro foge, nem nos ocorre a idéia de perse-gui-lo: "Que hei de fazer, se você não deseja ficar comigo"! E se que-remos ir embora, será por desejarmos que alguém nos siga? Brincar de gato e de rato, suportar a alternância entre quente e frio, funcio-na, à semelhança de qualquer jogo, na medida em que os dois parcei-ros estão de acordo para jogá-lo. E para dar a réplica. "Levei muito tempo, mas acabei por dizer não. Já não quero brincar com você. Pelo menos, neste jogo. Trata-se de um jogo de morte. Mesmo que, através dele, tenha tido a sensação de estar vivo".

Se nossa sede de amar e ser amado é grande demais para nos sentir em vida, acabamos por morrer de amor: não de amarmos, mas de não ser amados. Aquele ou aquela que ama apaixonadamente po-deria regozijar-se pelo fato de amar: que felicidade quando experi-mentamos a força de um sentimento que nos arrebata e transporta! Agradeço-lhe por você ser o que é e dar à minha vida um colorido e uma intensidade que ela não teria sem você.

Em vez disso, o homem, a mulher, que amam de paixão lamen-tam-se e atormentam-se. Afinal, eles não "amam": procuram fora de si mesmos o amor que lhes faz falta. Uma idéia de amor, ou será que sabem mesmo do que estão à procura? Quando se verifica o encon-tro da sede de amor de dois seres será possível que uma se torne a fonte tão ardentemente esperada pela outra?

Se consigo viver sem você, deixo de ter necessidade de você para me "sentir" vivo. Sou eu próprio com você e eu próprio, também, sem você. No entanto, sou ainda *mais eu próprio* com você. Em vez de necessidade, experimento o desejo de estar com você. Sinto o desejo de você porque se trata de você.

Em vez de ser perseguido por uma idéia louca, estou vivendo, ple-na e conscientemente, uma doce loucura. Já não é um combate entre minhas pulsões e minha razão, mas uma carinhosa "guerrilha" travada entre você e eu, juntos. "Assim, um contra o outro, travemos maliciosamente uma guerrilha sem acusações", escreveu René Char[65].

"É necessário ter vivido, pelo menos, uma paixão na vida", diz-se. Certamente, no respectivo período, conviria ter vivido a adolescência; caso contrário, ela poderia ter deixado um remorso e aqueles que não a tivessem vivenciado aos vinte anos poderiam experimentá-la aos quarenta – a crise da quarentena – em condições mais difíceis, introduzindo uma ruptura brutal, não com sua família de origem, mas com a família que, entretanto, eles próprios tivessem formado. Talvez seja necessário passar por uma escravidão para romper com uma outra escravidão: a escravidão da paixão para romper com a escravidão familiar. E é apenas ao deixar a paixão, ao sair do sofrimento de sua história familiar, que é possível ser um homem, uma mulher. Um homem, uma mulher que já não se encontram na necessidade, mas no desejo: um homem e uma mulher de desejo.

Então, é possível amar apaixonadamente sem ficar alienado ao ser amado: em vez de ser tomado pela paixão, trata-se de acolher a intensidade de um sentimento apaixonado. Viver a força de um vínculo e, ao mesmo tempo, conservar a liberdade de viver e de pensar. Seria triste que alguém renunciasse ao amor pelo que já sofreu e por ter medo de voltar a sofrer. "Amar demais é sofrer demais. Fugi de um homem porque eu o amava", "O que é intenso, tem um custo elevado; na minha vida escolhi o que me parecia não comportar grande risco. Como estava equivocado!" Não o amo; assim, não sofro.

Não será possível conhecer um relacionamento amoroso sem sofrimento? A paixão é um amor que sofre e não um amor feliz: não

---

65. Poeta francês (1907-1988), cuja obra, marcada pelo surrealismo, procura o acordo profundo entre forças naturais e aspirações humanas (N.T.).

sou feliz por amá-lo. Carrego em mim a paixão que acaba por me matar. Em compensação, o desejo é um amor feliz; traz em si a vida. Não poderíamos permanecer senhores da escolha de nossa vida?

Cabe-nos sempre a escolha de avançar no sentido da vida. De evitarmos ser vítimas de nossa vida, de nós mesmos. Cabe-nos sempre a escolha de *ser*. Ser vivo, ser de desejo.

Então, posso vir ao seu encontro e você pode vir ao meu encontro. Deixamos de ter qualquer tipo de medo em relação ao outro; pelo contrário, temos para dar o melhor de nós mesmos.

Eros (4)

"Ela é tão linda, meu amor por ela dá-me asas", "Ele é tão lindo; ao observá-lo, o mundo é belo". Que felicidade ser transportado, assim, pelo arrebatamento amoroso! A alegria insuflada por Eros levanta-nos do chão e confere as cores do amor a nosso cotidiano. Sua flecha – Cupido, na mitologia romana, é identificado com Eros – atinge-nos diretamente no coração, menosprezando nossa razão e nossos medos. Somos os escolhidos do deus do amor que vem transpassar nossos segredos e desvendá-los para nós. Amo e a vida torna-se bela.

A exemplo do que se passa na paixão, o amor impõe-se e nos impõe suas leis. Assim como na paixão, o desejo é ardente e intenso. Um desejo tão forte que, daí em diante, temos a certeza de sermos dois: de termos encontrado o ser escolhido, de termos chegado, finalmente, a bom porto. De saber para onde lançar nosso olhar e a quem oferecer nosso coração. Mas, se sentimos necessidade do outro, de tal modo apreciamos sua presença, sua beleza e tudo o que ele é, nossa demanda não é a da criança, nem a do adolescente, cuja marca é a urgência e a impaciência. Nossa expectativa é a de um homem jovem, ou de uma mulher jovem – em nosso coração e em nosso espírito – animados por um desejo que o(a) transforma em ator, atriz, de sua vida. Um desejo não suportado, mas escolhido: a tal ponto que é possível ficar apaixonado por seu próprio desejo antes de ficar apaixonado verdadeiramente pelo ser amado. Quando me apaixono por você, o "eu" ainda não é adulto, mas encontra-se no caminho da maturidade.

Eros é um deus jovem dotado de asas: da juventude, ele possui a inocência e a pureza; e da divindade, a luz e a beleza. E em suas asas sopra um ar leve que dá respiração e leveza a nossos sentimentos. Ele é o amor; e, ao sermos tocados por ele, nos tornamos amor. Com a condição de aceitarmos ser *instruídos*[66] por ele, arrastados não para baixo, para nossas pulsões e necessidades de crianças mal amadas, mas para o alto, aí onde o amor é senhor. Aí onde não me contento em amar você, mas onde todo o meu ser se torna amor.

Ao apaixonar-me por você posso ser uma forma de iniciar uma paixão, dolorosa e efêmera, ou as primícias de um relacionamento profundo e duradouro. Ainda não sei – terei a possibilidade de sabê-lo? – se esse arrebatamento amoroso que me arrasta até você se limitará a um dia ou será para sempre. Sinto desejo por você; me deixarei perder e levar você a perder-se nele ou me deixarei conduzir pelo Eros para encontrar com você o caminho do amor?

No mesmo instante em que Eros vem ao meu encontro, ainda não sei se essa iniciativa será para minha felicidade ou para minha infelicidade. Deixar-me-ei abrir para o amor ou, machucado, verei

---

66. No original, *élevés*: adjetivo derivado do verbo "élever" utilizado, normalmente, para referir a ação de "educar uma criança"; comporta outros significados, tais como elevar, levantar, erguer. Para um francófono, o termo "élevés" não pode deixar de evocar a palavra "élèves", cuja significação é "alunos" (N.T.).

abrirem-se antigas feridas? Eros faz-me saborear o paraíso: leva-me até onde faz bem viver. Mas, se não consigo satisfazer-me com esse "bem", se ele desperta em mim o "bem" que nunca experimentei ou, então, me foi retirado, por uma razão qualquer, neste caso, o prazer cede o lugar à dor. Toda a felicidade vivenciada com você transforma-se em carência e sofrimento.

Para que o paraíso não se transforme em inferno e, pelo contrário, subamos juntos os degraus do amor, certamente, convirá que já estejamos em paz com nossas raízes, nosso passado, com as forças demoníacas que se encontram em nós: as que transformam o amor em sofrimento. Se o desejo amoroso corresponder ao de uma criança que devora o seio da mãe ou que demanda com dor o seio que não teve ou, pelo menos, não de uma forma satisfatória, ele estará sempre associado ao sofrimento da carência. "E se o amo, então, cuide-se"; se você não me deseja como eu sinto desejo por você, deixarei de amá-lo. Quero deixar de sofrer; mas, vou fazê-lo sofrer.

Já não o amo, mas quero que você sinta desejo por mim. É assim que o amor pelo outro torna-se amor-próprio. Verifica-se uma sucessão de falas e atos contraditórios em relação com a sensação de ser, ou não, amado: sinto-me humilhado, vou embora, volto, eu o amo, deixei de amá-lo, vou embora de novo, volto, eu o adoro, já não sei se o amo, seu amor por mim não é suficiente, amo outra pessoa, meu único amor é você, você me agrada... "Quero provocá-lo o máximo que eu puder para ver até que ponto você sente amor por mim", "Não sei se tenho amor por ela, mas quero que esteja apaixonada por mim". A felicidade de amar foi substituída pelo prazer de seduzir: o desejo de desejar e de ser desejado. Amo seu desejo por mim. Mas será que amo verdadeiramente você?

Quantos brincam, para seduzir, de estarem apaixonados e conseguem usufruir de uma conquista que torna o outro bastante infeliz? "Quando eu o encontrei, dei-me conta do perigo que eu estava correndo. Mas, eu sentia tanto desejo de tornar-me mulher e foi tão grande sua insistência em me seduzir, deixando-me com a expectativa de que seria capaz de realizar minhas aspirações que acabei por ceder: a meu desejo, ao seu, a meu desejo revelado pelo seu e a seu desejo induzido pelo meu. Será que se pode experimentar desejo sem a participação do outro? Qual seria sua intenção? Não cheguei a compreendê-la; em relação à minha, eu tentava abrir-me para ele a fim de descobrir uma sexualidade que eu ainda ignorava. Em vez de me sentir realizada, fiquei machucada. Como uma flor oferecida que tivesse sido pisoteada".

"Nunca cheguei a escolher um homem; foi sempre o desejo deles por mim que me convenceu", "As mulheres vêm ao meu encontro e eu não sei dizer não". Seduzidos, lisonjeados, arrastados por outros para a valsa do amor, eles regozijam-se, durante um instante, por serem tão desejados e, um dia, acordam extenuados por serem desejados sem nada conhecerem de seu próprio desejo. Inquietos por não serem *desejantes*, assim como por já não serem desejados, eles já não sabem se devem ir embora ou permanecer, além de se questionarem, sem parar, sobre o que é amar. Amar, afinal, será desejá-lo ou ser desejado por você?

"Sinto sempre necessidade de experimentar desejo. O desejo faz-me viver. Se deixo de senti-lo, vou embora. Recomeço outro relacionamento amoroso", "Gosto do começo de uma história porque se trata de um momento em que sinto um desejo ardente pelo outro. Depois, o desejo desaparece. E, em vez de reavivar o desejo pelo parceiro, tenho vontade de ir embora". Para algumas pessoas, não é o fato de serem desejadas, mas a própria experiência do desejo é que lhes dá satisfação e lhes fortalece a auto-estima. No desejo do desejo, a fragilidade do amor é semelhante à do desejo — não será um desejo sem amor? Amo o desejo que sinto por você. Mas, será que amo verdadeiramente você?

Será que amar é ter desejo? Sentir desejo será amar? Será possível amar sem ter desejo e sentir desejo sem amar? "Se não sinto desejo por ele é porque não o amo. No entanto, eu o amo; além disso, temos tantos desejos em comum. Não consigo saber o que se passa comigo". O desejo, por um lado, se impõe no encontro amoroso – na maior parte das vezes, desencadeado por sua iniciativa – e, por outro, acaba dispondo de nós por ficarmos tão subjugados a ele: sempre inquietos, estamos à espreita do desejo que experimentamos, assim como do desejo que o outro experimenta por nós. O reconhecimento de que "Não sinto desejo; portanto, não amo" pode ser tão doloroso a viver quanto o dar-se conta de que "ele, ou ela, não me deseja; portanto, ele, ou ela, não tem amor por mim." A existência do desejo é garantia do amor.

Neste caso, como será possível evitar a ansiedade? Com efeito, é bastante inquietante depender do que não depende de nós. De perscrutar o desejo do outro para descobrir nele a expressão da presença ou ausência do amor. E de examinar seu próprio desejo tal como ele é percebido pelo outro. Há sério risco de se perder em todo esse jogo de espelhos no qual o "eu" só existe no olhar do outro. Se você perceber que tenho desejo por você, então, eu o amo.

Tanto mais que essa lógica aparente – "sinto desejo por você, logo, eu o amo; não o desejo, logo, não o amo" – nega a complexidade do desejo: ele pode recusar-se precisamente aí onde existe amor. "Quando não estou apaixonado, posso ter desejo, durante muito tempo, por uma mulher. Não me sinto comprometido com ela; por conseguinte, estou sempre pronto para abandoná-la. Mas, quando sinto amor por ela, meu desejo desaparece ao fim de algumas semanas. Fixo-me em um defeito dela como pretexto para deixar de desejá-la. Quando eu a amo, encontro-me em situação de perigo. Tenho medo de ficar preso. Sei que vou perder alguma coisa; sem dúvida, minha liberdade. Ou, então, procedo de modo que ela já não sinta desejo por mim: a toda hora, faço-lhe críticas e responsabilizo-a por todos os problemas. Assim, ela deixará de sentir amor por mim. E, de novo, estarei livre".

Às vezes, os homens deixam de ter desejo para justificarem sua fuga. Trata-se da "debandada": "Eu estava loucamente apaixonado, mas não conseguia fazer amor com ela". Fugir do que os coloca em perigo: amar. Amar não o outro, mas, através do outro, sua própria parte de sombra. Com efeito, amar o outro é dizer sim ao que não lhes agrada em si mesmos: as imperfeições, as deficiências físicas ou intelectuais e, sobretudo, a velhice e a morte – inclusive, a partir de trinta anos. Amar é aceitar o tempo que passa e manifesta-se em uma ruga e em alterações do corpo. É aceitar, ainda em um jogo de espelhos, sua imperfeição através do olhar que é lançado sobre o outro. Se aceito suas sombras é porque reconheço as minhas. E aprendo a amar tal como sou e tal como você é.

Do mesmo modo que o amor não pode ser reduzido, para todos, a uma única e semelhante sensação, o desejo acompanha cada degrau da escada e varia também segundo os momentos de nossa vida. O desejo com o mesmo parceiro, como se sabe, tem sua própria história; ele vive momentos de felicidade absoluta, atinge cumes insuspeitados, mas conhece também seus momentos de privação completa: a aridez do desejo. Será que se pode dizer que, neste caso, deixou de haver amor?

Será que se pode afirmar que a falta do desejo implica o desaparecimento do amor? As privações do desejo são períodos de silêncio tão necessários quanto uma "conversa à-toa": um distanciamento, uma ausência, um afastamento provisórios, cuja importância não deve ser dramatizada. Ser invadido pela obsedante questão do desejo — "será que tenho desejo; e ele, ou ela, terá desejo; por que será que não o tem...?" — dificulta grandemente sua emergência. O desejo não pode aparecer, nem ressurgir, em situação de ansiedade e de inquietação.

Não será que o desejo é arrebatamento natural e espontâneo: a magia renovada de uma tensão para o ser amado, ao mesmo tempo que um abandono, uma confiança total em si mesmo e no outro? Ele segue o amor e, às vezes, o precede. É seu cúmplice e não seu árbitro. O medo em relação ao desejo faltante pode matar o desejo. Se me considero desejante, assim como não-desejante, neste caso o desejo desaparece. O animal humano é frágil. "Para mim, é totalmente incompreensível meu desejo por você. Às vezes, eu o sinto; e, outras vezes, deixo de senti-lo. Não ligo importância para isso; deixo-o viver sua vida". Não é o desejo que dita meu amor, nem eu quem lhe dita sua conduta.

Diz-se que "convém saber como suscitar o desejo do outro"; certamente, não ter um desejo excessivo de ser desejado, como prova de ser amado. Tanto mais que o desejo pode limitar-se a ser desejo: um desejo sem amor. "Senti sempre desejo por minha mulher, mas não estava apaixonado por ela", "Sei que já não a amo, mas continuo sentindo desejo por ela". O desejo tem sua própria vida. O hábito ou uma oportunidade, um copo a mais e uma ferida, o desejo vive-se, mas não é amoroso. Trata-se de uma "pulsão" que pode ser acompanhada por ternura e amizade, mas isso não é "amor". Vejo o outro que, em sua beleza, é objeto de desejo, mas não o amo. Minha pessoa inteira não está comprometida no relacionamento.

Existe um erotismo emocional que se vive no agora, imediatamente. Um erotismo "abaixo da cintura": o coração não é atingido, nem a respiração, nem há sequer beijos. Nada de abraços: não há o movimento de tomá-lo em seus braços. Nenhuma lembrança pelo outro: tão logo abandonado(a), ainda mais rapidamente esquecido(a). Nenhum dom: depois de pegar o que lhe interessa, vai embora. Nenhuma fala, nem partilha, a não ser uma fruição pontual e parcial. Até que pode ser intensa, mas diz respeito apenas a uma parte limitada da pessoa, de um parceiro como do outro. "Para ele, além do sexo, nada".

"A gente fazia amor loucamente e ele não parava de me dizer que não tinha amor por mim. Então, eu não compreendia o que estava acontecendo." Às vezes, isso é verdade: o coração não está presente. Outras vezes, trata-se de negar, sobretudo, a existência de um sentimento que, se viesse a exprimir-se, levaria a assumir um compromisso. O corpo está presente, mas o coração exprime uma resistência a avançar mais longe na tomada de consciência de um vínculo que infunde temor. Apesar de meu corpo estar presente, estou ausente. Com você, mas não com todo o meu ser.

A comunhão, a ternura, o compromisso diante de si mesmo em um relacionamento ajustado e harmonioso levarão dois amantes a uma sexualidade mais rica, reconhecida e não inquietante, até mesmo em períodos de completa aridez afetiva. Uma sexualidade que se estende a cada um dos gestos do cotidiano e se alimenta de tudo o que é vivenciado. É assim que ela cresce ou desaparece, à semelhança de uma fogueira que não recebesse lenha e fosse abandonada até sua completa extinção. As tonalidades de voz, insultos, acusações, gritos, pancadas, assim como os silêncios, as ausências, uma indiferença, podem reduzi-la a zero, até mesmo no caso de existir amor.

A sexualidade acompanhada por amor exprime-se e realiza-se plenamente na intimidade da "alcova nupcial", mas está presente por toda parte e em cada instante. O desejo diz-se, também, em um olhar, em uma fala cúmplice, em gestos carinhosos. É um corpo-a-corpo que se vive de coração-a-coração.

Quando os corações estão unidos, Eros não conhece a melancolia. Ele vive e em uma plenitude de vida. As necessidades podem exprimir-se, mas são superadas. A emoção está presente, mas não é invasiva. E a fala liberta-se, leve, abrindo-se para o outro em uma partilha em que o desejo assume cores cada vez mais calorosas e sutis.

Philia (5)

Senhor, tu conheces tudo,
tu sabes perfeitamente que te amo (philia).

Jesus sabe que, para Pedro, o amor é *philia*, ou seja, amizade, e não *agapé*, o amor baseado no dom de si mesmo. Por duas vezes, ele pergunta-lhe: "Tu me amas?", pronunciando a palavra *agapé*; na terceira vez, ele próprio utiliza o termo *philia* para adotar a linguagem de Pedro.

No amor, não será essencial falar a mesma linguagem? A amizade no amor não será a procura do entendimento sobre o que é falado por cada um? Entendimento sobre o que cada um tem desejo de viver a dois, em um presente imediato, assim como em um futuro próximo ou mais longínquo. Se tenho desejo por você e você sente amizade por mim ou se você experimenta por mim sentimentos apaixonados e que eu tenho por você uma terna afeição, não nos encontramos no mesmo degrau da escada; no caso concreto, verifica-se pouca compatibilidade entre os degraus em que cada um de nós se encontra. Este relacionamento está encontrando dificuldades: não há entendimento em relação ao essencial do que um espera do outro. Um bom entendimento consiste em compartilhar as mesmas expectativas.

Às vezes, temos a alegria de encontrar aquele ou aquela com quem "nos entendemos maravilhosamente bem". E podemos, inclusive, dizer: "Entendemo-nos em todos os planos", "Além de meu namorado, é meu melhor amigo", "É minha mulher e minha confidente". Entender-se bem é já saber escutar-se bem. Reservar o tempo para a escuta mútua. Prestar toda a atenção[67] — e com boa intenção — ao que é dito e ao não-dito. Dois amigos são bem atenciosos um para com o outro. Entendo-me com você: entendo bem você e você me entende bem.

A minha escuta em relação a você é diferente da escuta do desejo amoroso ou, antes, trata-se de uma escuta que se acrescenta à escuta do(a) apaixonado(a). Quando estou com você, percebo aquele(a) que me atrai, me seduz, e por quem posso ter arrebatamentos apaixonados, volto a encontrar a menina, o menino, mas vejo também o amigo. Reconheço em você um(a) amigo(a) a quem posso me confiar livremente.

Você é meu/minha amigo(a), posso depositar confiança em você. Posso exprimir-me com toda a sinceridade. Basta sua presença para me sentir reconfortado: em seus braços, sinto-me "em minha casa", em segurança. Quando você fica à minha escuta, seu olhar me toca e é como uma carícia. Você me compreende: posso confiar-lhe meus sofrimentos e compartilhar com você minhas alegrias. Você, meu amor, meu amigo, sei que você está comigo.

Mas, com você que é meu amor, será possível falar como eu falaria com o(a) meu/minha melhor amigo(a)? "Com os companheiros, não há ambivalência, é simples, direto, pode-se falar de tudo, sentimo-nos completamente livres. Com meus queridos companheiros, no início, tudo se passa bem. Mas só consigo amar durante um momento, isso acaba logo". Meu/minha *amiguinho(a)*: será que um relacionamento amoroso é *menos intenso* do que uma amizade? Parece que

---

67. No original, "tendre l'oreille", literalmente: esticar o ouvido (N.T.).

as dificuldades são maiores para garantir sua longa duração. Quanto à amizade, costuma-se dizer: "é por toda a vida".

Em um relacionamento amoroso seria mais difícil vivenciar a liberdade e a qualidade de intercâmbio encontradas na amizade. Será que a proximidade dos corpos acarretaria o afastamento dos espíritos? Para ser vivenciada, a cumplicidade exigiria maior neutralidade no que se refere à expressão dos sentimentos? O estado amoroso pode dar lugar a discussões "apaixonadas". No entanto, tais discussões incidem, essencialmente, sobre o relacionamento: "Será verdade que você tem amor por mim?", "Se é verdade, por que razão falou isso?", "Ontem, você fez tal coisa, por quê?"... E se elas abordam outros assuntos é para falar de uma outra maneira do relacionamento: interrogar-se sobre os sentimentos do outro, fortalecer a confiança em relação à sua maneira de amar, à sua fidelidade através de sua vida, de seu passado, de seus gostos... Com você, falamos apenas a nosso respeito.

"A um namorado não consigo dizer tudo. Pelo contrário, a um amigo, não há qualquer problema", "Com um amigo, não há necessidade de defender uma imagem: tratando-se de um verdadeiro amigo, a confiança é total". Se amo você, tenho vontade de seduzi-lo; e se tenho essa vontade, há coisas que não tenho desejo de dizer-lhe. Exprimir o que se sente é dizer o sofrimento que nos acompanha desde há muito tempo. É uma forma de nos denunciarmos, de deixarmos aparecer a criança, a parte atormentada de nossa infância. "Não quero desnudar-me diante de quem fico pelado". Você julgou que eu era bem-humorada, sorridente, firme. Que nada! Sou uma "mulher frágil", conforme a letra da canção. E, agora que você descobriu isso, ainda terá amor por mim? Será que posso falar-lhe e, mesmo assim, continuar a merecer sua atenção?

Segundo parece, a amizade amorosa junta os prazeres da sedução com o intercâmbio amistoso: há menos receio de se mostrar tal como se é. Um intercâmbio que pode ser complementado por uma cumplicidade com o outro sexo; o expediente para satisfazer uma curiosidade a respeito do mundo dos homens ou o das mulheres e a liberdade de se exprimir sobre esse assunto. Ou, então, entre duas pessoas do mesmo sexo, quando o desejo amoroso é latente ou reconhecido. Mas, não será também um compromisso, cuja virtude não é a de uma grande amizade, nem a de uma história de amor? A amizade amorosa carrega sua parte de ambivalência; não comportará, então, perigos semelhantes aos do relacionamento amoroso, mas sem usufruir de seus prazeres — existe um flerte com a realidade? Na amizade amorosa, você não é meu/minha namorado(a); será que é meu/minha amigo(a)?

Basta a interferência do desejo — ou, ainda pior, da paixão — para que uma amizade amorosa perca seu perfeito equilíbrio; se um se apaixona e o outro está apaixonado "por outro alguém", a amizade deixa de ser o que ela havia sido. "Agora que ela se apaixonou, parece que eu deixei de existir", "Sei que ele tem sua vida, mas não suporto sua ausência quando tenho necessidade dele". Tratar-se-á, ainda, da amizade sem generosidade — regozijo-me com sua alegria —, nem liberdade: liberdade de expressão e desejo de liberdade, um diante do outro, um para o outro? Se nos tornamos possessivos e exclusivos, se nossa escuta leva em consideração apenas *nossas* necessidades e não as do outro, será que essa atitude pode ser considerada como amizade?

Se o relacionamento evolui para uma história de amor, então, assiste-se ao restabelecimento do equilíbrio. Você me deseja como eu desejo você; tenho necessidade de você como você tem necessidade de mim. O relacionamento amoroso alimenta-se com a amizade que durava há vários meses ou anos. "Éramos amigos e, depois, um dia, olhei para ela de uma outra forma: além de amiga, passei a considerá-la como uma mulher. Desde esse dia, tornou-se minha mulher.

Nossa amizade é a base, profunda e sólida, a partir da qual se constrói nosso amor". Então, o relacionamento é possível, amoroso e amigável. Você é meu/minha namorado(a) e meu/minha amigo(a).

Um grande amor não será uma grande amizade? Como será possível o amor sem a confiança, sem o desejo em cada parceiro do melhor para o outro, sem a escuta recíproca e a partilha do que é bom, assim como do que é menos bom? Neste caso, será necessário deixar de lado a paixão e seu corolário, a posse. Uma demanda insatisfeita e desencadeia-se uma saraivada de acusações; em vez de espaço de acolhimento e de respeito, o amor passa a ser o lugar da crítica, do julgamento e do ajuste de contas. "Não consigo permanecer amigo com meus antigos namorados". Se continuamos a esperar o que o outro não dá, é impossível "permanecer amigos": a amizade não se entende bem[68] com um desejo, para não dizer, com uma paixão contrariada. Com o desgosto, o ressentimento, o rancor.

Com a interferência da paixão a traição introduz-se no âmago da amizade e acaba por destruí-la. Uma demanda absoluta demais – na maior parte das vezes, insatisfeita por ser demasiado absoluta – e resta a decepção baseada em fatos considerados como objetivos; neste caso, a traição transforma-se em uma realidade sem perdão possível. Então, nada pode ser mais cruel do que um(a) amigo(a) decepcionado(a). E um amor decepcionado não será também uma amizade decepcionada? A expectativa é de tal ordem que o indivíduo se dá o direito de criticar e, em seguida, rejeitar com violência quem não corresponder *absolutamente* a suas aspirações. Podemos ficar decepcionados por nossas expectativas, assim como sofrer com a confissão do outro ao dizer-se decepcionado. Você me decepciona: estou triste ou/e irritado.

---

68. No original, "ne fait pas bon ménage", literalmente: não faz bom casal (N.T.).

De onde virá a decepção? Muitas vezes, de uma fala enganadora. "Você sabe de meu amor por você, o quanto você é importante para mim, eu estaria mesmo disposto a sacrificar minha vida por você". A fala é fluida por não estar obstruída por atos; mas os gestos e as atitudes são contraditórios em relação ao que é dito. Apesar de exprimir uma grande esperança, a fala é vazia de sentido. Insensata. Ao restituir uma dupla mensagem, ela acaba enlouquecendo o interlocutor. E se a fala perdeu todo o sentido, o mesmo ocorre com o relacionamento. "Quando ele fala, deixei de acreditar no que diz". A fala é fermento da amizade. Da amizade no amor.

Quando a fala é enganadora, o mesmo ocorre com o amor. "Sua entrada na minha vida foi tão rápida quanto sua saída. Foi como um sonho. Alguém já me tinha prevenido: 'Fique de pé atrás quando a coisa é linda demais'. Isso era *demasiado* semelhante a um conto de fadas. Ele me dizia tudo aquilo que eu gostava de ouvir: sua proposta correspondia à vida de meus sonhos. Quando eu estava diante de um espelho, eu chegava a me interrogar: 'Será realmente você que, finalmente, encontrou seu príncipe encantado?' Apesar disso, algo em mim colocava-me de sobreaviso: minha ansiedade era de tal modo intensa que eu não podia negá-la; mas, eu ignorava a causa de meu estado".

Entre aquele(a) que abusa da confiança do outro e aquele(a) que se deixa iludir, encontra-se a mesma vontade de se convencer de um amor desacreditado ou no qual se deixou de acreditar. Os primeiros procuram convencer-se por seus discursos; enquanto os segundos, pelos discursos que escutam. Cada um encontra conforto em suas ilusões: e, juntos, erguem castelos no ar. Ambos sabem que estão diante de ruínas, mas é tão bom ver alguém acreditar no que lhe digo, é tão bom ouvir o que o outro tem para me falar.

"Serei fiel a você para sempre, nunca amarei outra pessoa, além de você..." Estas palavras podem ser pronunciadas com sinceridade, mas podem também não corresponder à verdade do coração. Quantas declarações enfáticas e outros discursos inflamados, proferidos no arrebatamento do instante, são proclamados em alto e bom som por quem, algum tempo depois, acabará por negá-los! Prefiro vê-lo calado se, em seguida, você tiver de desmentir sua fala.

Pedro não disse a Jesus que estava pronto a morrer por ele? A Jesus que afirma: "Para onde eu vou, não podes seguir-me agora; mais tarde seguir-me-ás. 'Senhor, respondeu-lhe Pedro, por que não posso seguir-te agora? Eu darei minha vida por ti!' Jesus respondeu: 'Darás tua vida por mim? Em verdade, em verdade, te digo: não cantará o galo antes que me tenhas negado três vezes'" (Jo 13,36-38). E, de fato, Pedro negou-o por três vezes.

Não será no âmago dos vínculos mais estreitos, na maior proximidade de um espaço de confiança, que o ser amado, o amigo tanto amado, pode vir nos atraiçoar e nos machucar? "Aquele que come do meu pão levantou contra mim o calcanhar" (Jo 13,18), disse Jesus. "Você é um irmão para mim", "Amo você como uma irmã". Não será justamente nesta fraternidade – seja de coração ou de sangue – que ocorrem as piores rivalidades, os ciúmes, os sentimentos de inveja? São bem conhecidos os "irmãos inimigos" a começar por Caim que matou o irmão, Abel, em razão do olhar que o pai dirigiu, não a ele, mas ao irmão. Amo você como um irmão ou uma irmã; mas também posso odiá-lo como um irmão ou uma irmã. Ao viver com você, posso reviver velhas rivalidades com pais, filhos, amigos, sociedade. Rivalidade, ciúme ou sentimento de inveja que matam o amor.

Nesta proximidade, mesmo desejada e escolhida, não se "enxerga" o outro e, até mesmo, pode-se julgar que tudo é permitido quando, afinal, não se permite ao outro o mais insignificante desvio em seu comportamento. Nada lhe é perdoado – sobretudo, o fato de não corresponder à imagem ideal que se tinha a seu respeito – e exige-se que seja compreensivo. Não será na intimidade que as pessoas têm a ousadia de falar e agir como nunca teriam feito diante de um "estranho"? Eu o amo, então, posso dizer-lhe tudo. Você pode escutar e compreender tudo.

Será que se pode dizer tudo? Em particular, se a fala é violenta e cruel. Soltamos tudo o que não havia sido possível dizer anteriormente; mas, será que o outro tem o dever de ouvir tudo isso? Afirmações mordazes provocam réplicas do mesmo tipo. Até quando? Será possível colocar um termo a essa situação? Um dia, isso acaba. O que se vive é ainda pior do que as reparações do passado que, eventualmente, tivéssemos desejado fazer. E ao pretendermos justificar-nos, vamos recorrer a uma enxurrada de palavras para tentar compreender o que se passou e para nos compreendermos a nós mesmos, correndo o risco de que essa iniciativa seja um fiasco. Em vez de um amor que se exprime, trata-se de um amor que tenta dizer o que ele não vive ou deixou de viver. Gostaria de chegar a um entendimento com você, mas isso é impossível para mim.

Sofremos pelo fato de nossas falas serem mal interpretadas. E se o entendimento do que dizemos é deficiente ou equivocado, o que acontecerá com essa história de amor? Se nossa fala está destituída de valor, será que o relacionamento é valorizado? E será conveniente prossegui-lo? "Entre nós, é impossível abordar seja lá que assunto for. Tudo é matéria de suspeição e interpretado de maneira equivocada. O tom engrossa por uma ninharia qualquer", "Entre nós, além do silêncio, nada; um silêncio, aliás, carregado de sentido; mas o pensamento de cada um vibra com tamanha intensidade que o outro consegue entendê-lo". Mutismo total. Ou, então, existe uma troca de palavras sem qualquer sentido.

"A gente fica conversando durante horas e horas; mas, na realidade, é jogar conversa fora", "Ela me criticava por não falar de mim;

mas, desde que eu começava a me exprimir sobre um assunto, ela não me escutava", "Juntos, falamos demais, mas nunca abordamos os assuntos que nos dizem respeito. Falamos à-toa; para dizer a verdade, de tudo, ou seja, de nada". É difícil exprimir-se diante de um parceiro que não escuta: ou ele não lhe dá a palavra ou, então, fala todo o tempo. Calado ou tagarela, ele não está verdadeiramente presente. Eu gostaria de falar com você, mas você não me escuta.

Ora, será necessário ter coragem para ousar exprimir o que nos toca profundamente: é difícil a fala que vem do foro íntimo. Assim, temos necessidade de algum incentivo. Podemos ter a ousadia de tomar a palavra, mas é bom que haja alguém à escuta. Assim como é bom, nestas áreas em que somos tão frágeis, sentirmo-nos acolhidos com doçura e benevolência. Não me deixe só com minhas palavras.

"É difícil falar com ela porque suas reações são violentas", "Eu tinha medo de que, ao dirigir-lhe a palavra, ele ficasse irritado. Para que as coisas continuem tais como elas estavam, é preferível não fazer ondas", "Quantas horas já passei falando dele para me lamentar a respeito do que me negava. O que devo fazer? A culpa será minha? Teria sido tão simples dizer-lhe o que me machucava; mas, para mim, isso era impossível".

É difícil verbalizar o ferimento. Então, decidimos retê-lo, mantê-lo dissimulado diante de quem nos machucou. Quando é impossível falar com o ser amado, "fala-se" com outros, aí onde a fala não corre riscos: aí onde a escuta não apresenta perigo, é amável e consoladora. Como não consigo falar com você, falo com um outro de você.

Será necessário acreditar que perdemos toda a confiança na escuta do ser amado, em sua possível benevolência a nosso respeito, em um eventual olhar que poderia nos surpreender por sua ternura e sua juventude. Vejam só que paradoxo: compartilhamos a vida com um homem, uma mulher, e evitamos exprimir-lhe o que sentimos. Será que acreditamos na magia de um silêncio, de lágrimas engolidas ou de um sorriso congelado? Será possível compreender, para além das palavras ou, antes, dos não-ditos, o que deve ser compreendido e que nós mesmos nem sempre chegamos a compreender? O silêncio de nossa fala é substituído pela virgindade de qualquer sofrimento. Se me abstive de dizer alguma coisa é porque nada há para dizer: nem dor, nem passado, nem infelicidade. Tudo pode começar ou recomeçar. Se me abstenho de dizer alguma coisa é porque tudo vai bem.

Se não corremos o risco de falar, estamos correndo o "risco" de não sermos amados. Se não existimos diante do outro, como será possível que ele leve em consideração nossa existência? Para sermos ouvidos, é bom podermos nos exprimir: é ilusório pensar que o outro possa compreender tudo com meias palavras. Se eu não falar, como é que você poderá me escutar?

Uma fala contra uma outra: nossa fala é tão necessária quanto a do outro. "Tenho necessidade de ouvir que você me diga que me machucou. Diga-me que você lamenta o que fez, que nunca mais voltará a fazê-lo. Como é que você pode dizer que tem amor por mim e comportar-se dessa maneira?" Você tem amor, ou não, por mim? Como você não me responde, sinto-me só com minhas perguntas sem resposta.

"Você está com idéias malucas; e acaba complicando tudo." O sofrimento não vem tanto da agressão – um ato vivenciado como tal – quanto da negação pelo outro deste sofrimento e, sobretudo, de sua possível implicação. Incapaz de explicar a razão de sua conduta – nem ele sabe o motivo de ter agido desse modo –, recusa-se a pensar que tenha machucado. De forma violenta, atribui a culpa ao outro. "Ela me atribui todos os defeitos; até parece que sou um monstro. Sou responsável por sua infelicidade. E sua infelicidade justifica a violência com a qual ela me fala", "Ele obstina-se a repetir-me que é perfeito e que a culpada de todos os problemas sou eu". Fico sofrendo, será culpa minha?

"Talvez ele tenha razão: eu é que sou incapaz de ser feliz", "Assumo a responsabilidade pelo fracasso do relacionamento". Aquele(a) que é maltratado(a) reduplica, então, os esforços para se tornar mais amante e mais amável. "Por que será que ele é tão gentil com essa mulher que é intratável?", "Ela possui tantas qualidades. Por que motivo fica com esse homem que a trata tão mal?" Estou sofrendo sem necessidade; e ainda devo pedir perdão por este sofrimento.

Ao subsistirem dúvidas a respeito de si mesmo, o enfrentamento, o confronto, torna-se impossível. Há quem duvide de seu próprio sofrimento. Como se a vítima pedisse ao algoz para confirmar-lhe que ele é realmente seu algoz e ela a vítima; e, para se livrar dessa situação, ficasse à espera de que ele lhe explique o motivo pelo qual se comporta desse modo. "Por que você se comporta desse modo? Diga-me, pois não compreendo o que se passa. Por que você não tem amor por mim?"

Para apresentar queixa, será que a mulher espancada deve esperar pelas explicações e desculpas daquele que a espanca? É necessário muito tempo para se livrar da situação sem ter compreendido a razão pela qual o ser amado, e tão mau amante, se comportava desse modo. Ir embora pela simples – e tão essencial – razão de que ele machuca: sofremos e somos infelizes. Às vezes, ele tem dificuldade em proceder de outro modo; por sua vez, ela já foi espancada – do ponto de vista, se não físico, pelo menos moral. Mocinhas estupradas por aqueles – pai, irmão, tio – que declaravam ter amor por elas testemunham até que ponto permaneceram sem voz, paralisadas. Foram estupradas em sua alma. De novo, estupradas em sua confiança, elas ficam sem voz. A única forma de recuperá-la é através da fala do outro: a manifestação de um remorso, a solicitação de um perdão, o esboço de uma explicação. Tenho necessidade que você fale comigo; só depois disso é que irei embora.

"Quando ouço algo que me machuca, sou incapaz de dizer uma palavra." A ausência de reação diante de uma agressão física, verbal ou moral, repete um estado de estupefação semelhante ao que havia sido vivenciado no passado diante desse tipo de agressão. Como será possível esquecer uma agressão no passado e, alguns anos mais tarde, não desejar repará-la pela restauração de um diálogo que nunca havia acontecido? E, assim, ficar curado de um profundo sentimento de injustiça e humilhação. Ir embora sem essa fala que cura é permanecer, em seu isolamento, com uma ferida continuamente aberta.

Ora, ficar curado é deixar de esperar *a* fala reparadora daquele(a) que continua a nos machucar: esperamos que a cura venha a ocorrer precisamente aí onde está a origem do sofrimento. Tanto mais que a esperança dessa fala libertadora é, quase sempre, ilusória. E se, um dia, for dita, em vez de permanecer, irá afastar-se; neste caso, o outro pode reagir. Quero deixar de sofrer; então, vou embora.

Além da fala de um outro, ou seja, uma palavra de amor, a fala que cura pode ser a palavra dirigida a si mesmo nos momentos difíceis. Ficar curado é depositar confiança em nossos sentimentos profundos, ficar à escuta das palavras de seu coração. É assumir o direito de exprimi-las e, para começar, a si mesmo; em seguida, de dizê-las a fim de entabular o diálogo. Um verdadeiro diálogo com uma fala verdadeira: a que faz falta, há muito tempo, nos relacionamentos suportados e infelizes. Reconhecer seu direito de poder exprimir uma emoção sem que seja necessário saber quem dos dois tem razão. Não julgo, nem vou criticar você; mas tenho necessidade de exprimir-lhe o que estou vivendo. Sofro, queira escutar-me.

Estou à sua escuta. Fico sensibilizado pela confiança que você deposita em mim. Interesso-me por tudo o que você vive, sou solidário de seus prazeres e de seus desgostos. Desejo estabelecer um verdadeiro relacionamento; no entanto, falar a verdade não significa que vamos ficar contristados. Encontraremos as palavras mais apropriadas para nós dois. Meu amor, meu amigo, você sabe que estou aqui para você.

Sei que você deseja minha felicidade e você sabe que eu desejo a sua. Você me confina em uma imagem ideal e eu o deixo livre para que você seja o que é, sem *a priori*. Detestamos tanto as brigas quanto as acusações; está fora de questão lutar pela posse e pela tomada de poder sobre o outro. Sinto-me livre em ser frágil; você perdoará meus deslizes e evitará criticar-me. Terei por você a mesma indulgência; não me passa pela cabeça proferir juízos sobre sua atitude. O que tivermos para dizer um ao outro vamos poder exprimi-lo. Posso falar com você e isso é, para mim, uma grande felicidade.

Por ocasião de um casamento, Pier Vilayat, sacerdote sufi, ao tomar as mãos dos dois noivos disse-lhes (cito de memória): "Recebam minha bênção; faço votos para que este casamento seja o mais venturoso possível. Mas, peço-lhes duas coisas: aquele que vier a sentir-se machucado por uma fala ou um ato, tome a iniciativa de exprimir esse seu sentimento ao parceiro. E o que escuta seja capaz de acolher esta fala sem ficar irritado, nem contristado". Um diálogo significa duas falas e duas pessoas que estão à escuta uma da outra. Eu tomo a palavra e dou-lhe a palavra.

"Com ele, falo como nunca havia conseguido falar anteriormente", "Conseguimos compreender-nos um ao outro por meias palavras", "Mal começo minha frase e, imediatamente, ele consegue terminá-la". A felicidade encontra-se nessa fala imediata, evidente. Uma fala à escuta da outra, meiga, aberta, compassiva. Gosto de falar com você, meu/minha doce e carinhoso(a) amigo(a).

Sinto desejo e um sentimento profundo por você que é meu/minha amigo(a). Posso exprimir por palavras minhas sensações, meus sentimentos e o que sinto profundamente. Posso dizer-lhe o prazer de estar com você, sem esperar que você me diga o mesmo. A palavra é livre.

Posso exprimir-lhe meu desejo que é sugerido, sublinhado e, às vezes, provocado por minha fala. Gosto também de ouvir as palavras que exprimem seu desejo.

Uma fala de tal modo simples que se deve dar graças por ela. De tal modo fluida que nos aproxima da fonte. Que não me afasta de mim e me aproxima de você.

Uma fala compartilhada que nos abre, juntos, para outros pensamentos, para outras experiências, para outros universos.

Uma fala mesclada de risos, de sorrisos...

Uma fala que vem do coração. Um coração que fala. Dois corações que se falam. No coração da vida, de nossa vida...

"Nossas relações amigáveis tornaram-se cada vez mais carinhosas, de modo que cada um de nós compreendeu que não poderia encontrar melhor companheiro para a existência", afirmou Marie a propósito de Pierre Curie.

Storgé, harmonia (6 e 7)

"Aprendi a amá-la. Assim, com ela, aprendi a amar", "Com ele, descobri o dom mútuo, equilibrado, aprazível". O tempo passou, de modo que me tornei uma pessoa diferente daquela que eu era. Minhas

necessidades, meus desejos, minhas falas estão ficando cada vez mais fluidos. Minhas expectativas e minha solicitude são diferentes: elas estão impregnadas, igualmente, de uma ternura que eu desconhecia.

E você, o ser amado que conheço há muito tempo, ou acabei de encontrar, você também evoluiu em minha companhia ou antes de nosso encontro. Que você seja meu/minha companheiro(a) de vida ou que cada um de nós tenha vivenciado outros relacionamentos antes de nos conhecermos, estamos nos aproximando, agora, para "completar" juntos nossa união.

De acordo com as palavras que Pierre Teilhard de Chardin[69] proferiu, no decorrer de um casamento: "Tendo levado cada um de vocês a preparar-se, isoladamente, para a união, a mesma lei aguarda que um e o outro e um pelo outro se completem na união. Como será a história desta mútua conquista empreendida por vocês?"

Como será a história que, juntos, estamos vivendo? História única, prolongamento de duas histórias do passado. Duas histórias paralelas na similitude de seu percurso, independentemente de termos vivido ao lado um do outro ou cada um por seu lado. Cada um, a seu ritmo e a sua maneira, subiu, aos poucos, os diferentes degraus da escada.

Sempre que deixamos um pouco de nossa juventude, mas não de nossa inocência (termo derivado do latim *nocere*, ser nocivo), ou seja, estado de quem ignora o mal, inofensivo. Com o decorrer do tempo – com a passagem dos anos e a chegada da maturidade – sentimo-nos mais leves, menos sofredores. "Não gostaria, de modo al-

---

69. Jesuíta, paleontólogo e filósofo francês (1881-1955), envolveu-se na popularização do conceito de noosfera: a evolução do universo que leva à unidade e à fusão com Deus. Contribuiu para a identificação do sinantropo – *Peking Man* ou o primeiro *Homo Erectus* (N.T.).

gum, de retornar ao período de meus vinte anos. Nessa época, eu não tinha compreendido nada a respeito do amor. Eu julgava que tinha amor quando, afinal, meu único desejo era ser amado." Tudo o que tinha muita importância – por exemplo, agradar, ser bem-sucedido, adquirir coisas – passou a ocupar outro lugar na nossa vida. Já não vivemos com o sentimento de urgência, apesar de ter encurtado nosso tempo de vida, nem com a impaciência de fortalecer nossa certeza em relação ao amor que nos é dado, absolutamente, agora.

Já não estamos preocupados em fazer com que nossa história venha a assemelhar-se a uma outra. Ela é realmente a nossa: aquela que se parece com nossos sonhos. Tínhamos razão em imaginar uma linda história já que a estamos vivendo. Mas não permanecemos no sonho: tomamos a resolução de vivê-la. Ao amar, aprendi a amar você. Foi preciso fazer uma longa caminhada.

A menina e o menino que éramos foram crescendo. Deixamos de nos interessar pelas brincadeiras de criança. E se brincamos um com o outro – com efeito, brincamos juntos –, preferimos o jogo sutil e leve de duas mentes liberadas, livres de expectativas e de pressupostos. Um homem, uma mulher que reencontraram sua alma e suas risadas de criança. E se cada um sente necessidade do outro, são capazes de manifestar tal desejo, sem tentarem impô-lo. Cada um tem consciência do que se passa e, inclusive, pode divertir-se a esse respeito na medida em que adquiriu maior lucidez em relação àquilo que é e vive: sem tornar-se sério, nem deixar-se levar pelo sério, sabe agora que o amor é uma coisa séria. Acabaram-se as brincadeiras amorosas efêmeras e sem qualquer objetivo, perdeu sentido pretender seduzir por seduzir e ter desejo pelo simples prazer de desejar. Deixei de me servir de você e você já não se serve de mim; então, podemos brincar juntos.

Fomos também adolescentes: vivemos uma grande paixão com seus dilaceramentos e sua cegueira. Sabemos que o amor pode ser vivido no sofrimento, assim como não há necessidade de sofrer para se sentir amante. Assim, em vez de sofrer, decidimos nos abrir a uma outra dimensão, a um amor mais amplo, sempre mais lúcido e generoso. Por ter conhecido a paixão, posso ter desejo por você agora e deixar que você sinta desejo por mim, tal qual você é e tal qual eu sou.

Os jovens amantes que éramos amaram-se loucamente; amaram-se em seu corpo, queimando de passagem suas asas, às vezes, sua alma. Conhecemos as fruições da carne que deixavam de lado não só o coração, mas também o espírito; apesar de seu envolvimento, eles eram, quase sempre, maltratados. O prazer dos corpos continua atuante; agora, é muito melhor. Ficou enriquecido com uma maior dose de confiança e com uma ternura mais profunda. Como será possível imaginar dois corpos que se entrelaçam sem que haja interferência da ternura?

Ternura, atenção, respeito. Aprendemos, também, a falar um com o outro e tornamo-nos grandes amigos. Ligados por uma amizade que se tornou cada vez mais carinhosa e cúmplice, estamos um *em companhia* do outro: ao encontrarmos dificuldades, tentamos resolvê-las juntos, sem tomarmos posições contrárias. Diante de um defeito do outro que nos irrita, de um comportamento que nos machuca, de uma fala que nos deixa contrariados, aprendemos a "lidar com isso", não na abnegação, mas no diálogo e na compreensão. Nos aspectos em que é difícil ajustar naturalmente os ritmos, reservamos um tempo de espera ou aceleramos o passo. Amo também você naquilo que o diferencia de mim.

Se existem dissonâncias — o humano tem seus humores — a harmonia não é rompida: cada um vai ao encontro do outro, iniciando a reconciliação com uma fala ou um gesto de ternura. Cuidar das fragilidades do outro não é assumir o poder sobre ele. Os erros cometidos e as provações experimentadas nos tornam mais próximos um do outro para que nosso apoio mútuo fique ainda mais fortalecido. Entre nós estabeleceu-se uma confiança e uma paz que facilitam a vivência e a manifestação de nossos sentimentos. Agora, sinto-me livre para amar você, com toda a tranqüilidade.

Chegou a hora em que é bom encontrar um ponto de apoio e deixar para trás uma vida de turbulências. Nada temos para lamentar. Essa era a vida de nossos sonhos: no entanto, até então, ela havia sido sempre agitada. Não haveria, neste caso, confusão entre uma vida movimentada e a sensação de estar em vida? Sentíamo-nos em vida, mas será que sabíamos onde estavam nossos desejos?[70] Não se trataria, antes, de dispersão: uma forma de fugir de sua vida? Gosto da minha vida com você. Sinto-me bem. Por que fugir? Para tomar qual direção? Permaneço com você. E será que você tem vontade de ficar comigo?

Amar você não é criar-lhe incômodos. Fazer-lhe uma proposta não é impô-la. Sinto-me livre com você, como tenho vontade que você o seja. Livre para lhe dizer simplesmente: "Eis a minha vontade: amar... isso dar-me-ia prazer..." Você é livre para recusar e sei que a atitude tomada por você não é para me contrariar, mas porque isso corresponde a seus desejos e a sua liberdade. Se não pudéssemos exprimir nossos desejos com medo de dizer não ou de ouvir esta palavra na boca do outro, como é que poderíamos satisfazê-los? Queira dar-me prazer: diga-me como posso dar-lhe prazer.

Sinto tanto prazer em ver seu prazer quando recebe presentes, aprecia as iguarias, as palavras e todas as formas de atenções concebi-

---

70. No original, "envies", plural de "envie" que pode significar, também, vontade, além de inveja. Tomando partido da homofonia, a autora faz um trocadilho com a expressão "en vie", em vida; cf. esta frase e a anterior (N.T.).

das por mim em sua intenção. "Já não há rotina. Sabemos sonhar e sorrir a partir do que há de mais cotidiano. Cada um tem sempre pequenas atenções para o outro", "Cada dia que passa se torna mais instigante, mas trata-se de pequenas coisas que somos os únicos a enxergar. É assim que nosso amor se cria. Esse é o nosso segredo". Nada de espetacular, mas certamente o essencial: uma felicidade íntima que se aprofunda com o decorrer do tempo.

Minha ternura por você é infinita, para além do tempo, das aparências, das provas imediatas de seu amor, evidentes para todo o mundo. E para além de minha própria vontade: um sentimento que me invade e me submerge. Ao mesmo tempo que a paixão se introduzia na minha vida como um sismo devastador, derrubando tudo na sua passagem, sem respeito pelo que já existia, provocando ondas de felicidade extrema que alternavam com desesperos também violentos, o amor que sinto é carinhoso, aprazível e simples. A reviravolta, se é menos visível, nada perdeu em profundidade. Experimento em sua companhia um intenso sentimento de bem-estar.

Quando percebo em você o mesmo tipo de bem-estar, quando sinto em seu olhar o mesmo clarão de alegria, uma alegria descontraída, confiante, sinto o vínculo único que nos une e confere ao meu amor a base sólida e permanente na qual podemos nos apoiar. Então, sinto que estamos ligados por uma conivência silenciosa, sinto a ternura incondicional que se comunica através dos gestos de você, as flutuações de sua voz, seus olhares. "O amor é uma questão de olhar. É quando sinto em mim seu olhar benevolente, gentil, repleto de ternura". A maior ternura lê-se entre as palavras.

"Seguimos o compasso, mesmo que nos mantenhamos calados", "Encontramo-nos no mesmo comprimento de onda". Sinto-me tão próximo(a) de você. A harmonia é tal que você não me priva de minha presença a mim mesmo, da felicidade que experimento na solidão. Sinto-me bem comigo e ainda melhor com você. Quando estou com você, tudo é simples. É como se tivéssemos estado juntos desde sempre. A intensidade do momento presente torna-se eternidade. Quanto mais evoluímos, mais próximos estamos de um amor absoluto, da própria noção de fidelidade; ninguém poderá desfazer este nosso vínculo.

Meus pensamentos mais carinhosos são dirigidos a você, meu amor. Com a ternura, o coração liquefaz-se e aproxima-se da fonte. Torna-se fonte. Aí onde está meu amor é a fonte.

Eunoia, charis, agapé (8, 9 e 10)

"Com ele, vivo um relacionamento de um ser com outro ser: trata-se de algo acima do encontro entre um homem e uma mulher. Não há palavras que consigam exprimir este relacionamento que é vivido para além das palavras." Meu coração está aberto a uma dimensão ainda desconhecida para mim: o que vivo com você é completamente diferente do que eu já havia experimentado. É um amor em que a proximidade é espontânea e imediata; não há distâncias a transpor — mas será que isso já ocorreu, algum dia, com as almas? Um amor em que as fronteiras — todas as fronteiras — foram abolidas, em que a diferença e os desacordos não desencadeiam sofrimento. Eu não sabia que a intensidade poderia estar associada a tanta doçura. Eu poderia dizer que você é o "amor encarnado". Pela presença de você, o amor entrega-se. Sua presença é amor. Você é amor. Com você, eu sou amor.

Um amor muito além de você, muito além de mim. Cada um de nós se supera; trata-se de um amor que nos supera. Dá-nos acesso a algo de maior e mais elevado do que nós. "Com ela, estou vivendo momentos maravilhosos". Compartilhado, o tempo é algo fora do tempo, fora do comum, do comum dos mortais; tão perto das estrelas que deixamos de tocar o chão. Somos projetados para um outro lugar: um mundo que parece ter esquecido o mundo, um espaço reservado unicamente para os apaixonados. A própria percepção dos corpos é diferente: seus contornos fundem-se em um espaço infinito. Um corpo-a-corpo que é um encontro de alma-com-alma. Estou com você, você está comigo. Mas, há algo mais do que você e eu.

O encontro de alma com alma é uma promessa de amor total e absoluto. Será que esta promessa pode ser cumprida? A concordância entre as almas, a alegria sutil de um entendimento espiritual poderão associar-se a uma felicidade dos sentidos: à festa dos corpos, a apetites mais consistentes e fruições mais carnais?

Às vezes, estes encontros não conseguem descer ao mundo da encarnação. "Havia, entre nós, o encontro de alma com alma e não de carne com carne", "Trata-se de um amor bastante intenso, mas não conseguimos viver juntos". É uma partitura que se toca "no sétimo céu" e não consegue deixar as alturas: uma melodia que permanece nos ares. Você e eu nos aproximamos do topo da escada, mas não sabemos como viver os altos *e* os baixos, os altos *com* os baixos.

Existem, também, relacionamentos de exceção que permanecem excepcionais. A intensidade persiste, ela impõe-se sem nada impor; ela é vivida sem se projetar na longa duração, tampouco em uma construção. Cada um, por seu lado, sente-se perturbado, transtornado e, freqüentemente, transformado por ela. Mas, sem esperar mais do que já recebeu: do outro, deste encontro inesperado, inopinado, vivido como um presente do céu. Fomos tocados pela graça e estamos infinitamente gratos por termos vivido estes instantes tão preciosos. Agradeço-lhe por estar comigo.

"Não tenho nenhuma expectativa em particular, mas, em cada dia que passa, é possível que algo aconteça. Trata-se de instantes gratuitos, oferecidos: risos incontroláveis, momentos de emoção, um olhar cúmplice." Às vezes, a graça é duradoura, permanente e podemos compartilhar tanto o topo da escada quanto os outros degraus. Podemos criar, juntos, um espaço de vida, uma vida, viver de nossas criações: dar à luz filhos, prazer, beleza e risadas. Viver as coisas mais simples da vida com quem temos a graça de sentir nossas almas ajustadas. "É maravilhoso meditarmos juntos, reencontrarmo-nos no essencial e, ao mesmo tempo, ter a possibilidade de correr pelos bosques e saborear bons pratos". Podemos comungar tudo vivendo juntos; a vida é comunhão.

Jean-Yves Leloup fala de "harmonizar todas as cores. Mesmo vivendo um amor incondicional, não deixo de ter libido. Mesmo estando ao serviço dos seres, sem dúvida, o que há de mais nobre, de mais elevado, em mim, não vou esquecer que sou também uma criança que, de vez em quando, tem necessidade de uma pequena carícia. Mesmo que eu viva um grande amor, continuo capaz de amizade, posso exprimir meu amor em suas diferentes formas. Eis o que é interessante: a luz não é somente uma das cores do arco-íris, mas todas as cores juntas. O amor não é apenas um degrau da escada, mas a escada inteira".

E quando a graça — o amor gratuito — percorre a escada do amor, cada degrau é revisitado, aberto a uma liberdade e uma generosidade cada vez maiores: o amor que vivemos na infância e na adolescência, nossos desejos de homem e de mulher são transformados, transfigurados por ela. Assim, já não estou à espera de seu amor por mim, mas ofereço-lhe meu amor. Não quero existir através de você, mas agradeço-lhe por sua existência. Não exijo ser feliz graças a você, mas festejo a graça de estar com você. Em vez de continuar a pedir-lhe a fruição e o reconhecimento, eu o convido a participar de folguedos e aprofundar o conhecimento mútuo. Amo você e isso já é muito. Reconheço o amor que tenho por você, dou-lhe graças por isso e fico-lhe agradecido.

Sinto meu coração tão repleto de amor, desse amor; teria eu a possibilidade de manifestar ainda outros desejos? "Basta uma ninharia para encher um grande coração", diz Porchia. Não tenho sede de *outra coisa*: a fonte do amor está em mim; eu sou essa fonte. Minha maior felicidade consiste em oferecer-lhe meu amor; minha maior alegria é compartilhá-la com você; meu maior prazer é ofertá-lo a você. E, desde o momento que faço o dom, fico à escuta de você, presto atenção ao que você é, precisamente aí onde você está, na situação em que você se encontra, e vou ao seu encontro. Oriento minha ação no sentido do que é melhor para você. Meu desejo está voltado para o seu, mas sem que eu me desencaminhe porque conheço também o meu — aliás, eu não teria conseguido escutar você se eu não tivesse aprendido a escutar-me. Ao entregar-me a você, não me perco; pelo contrário, é precisamente aí que encontro minha força e volto a encontrar-me. Que me descubro.

Fazer da vida a dois não apenas um face-a-face em que cada um espera ser amado pelo outro, mas um ato de amor: amar cada vez mais em uma dimensão de amor inspirado que nos eleva e permite descobrir-nos sem parar.

De acordo com as palavras de Teilhard de Chardin, extraídas igualmente de um discurso de casamento: "Como é que, sendo dois, vocês poderiam fortalecer o um? Sem nunca frear o esforço de cada um para tornar-se, pela sua entrega, ainda mais ele mesmo".

Se existe correspondência entre a sua e minha sede, então podemos saciar-nos mutuamente. Tudo o que vem de você, desse outro que você é, eu o recebo e, para mim, é uma alegria. E vou ao seu encontro: você abre os braços para me receber e sinto-me acolhido tal como eu sou. Através de você, através de mim, para além de você e de mim, cada um acolhe o outro enquanto outro: um outro olhar, um outro pensamento, um outro desejo. Ao deixar-lhe um espaço, ele deixa o espaço para uma vida diferente. Ao aceitar a diferença, ele próprio pode tornar-se diferente. Não estamos condenados a reviver as mesmas histórias; assim, abandonemos nossa *pequena* história para viver a grande história de nosso amor. Um *grande* amor. "Quanto mais avanço, fico com receio de que, realmente, o grande amor possa existir", dizia Louis Scutenaire[71].

Em vez de um estado de *fusão* — tu e eu formamos uma só coisa —, estamos em uma relação: cada um permanecendo o que é — eu do meu lado e você do seu —, o vínculo entre você e eu é que nos une. Um vínculo que é vivo e deve ser, incessantemente, recriado: a relação é dom e criação. Estamos despertando do sono do amor: um amor que adormece em si mesmo. A fim de despertarmos para outra forma de amor. Trata-se de um amor sem questões: não está à busca de si mesmo; ele é. Do mesmo modo que eu sou, você é, nós somos. Isso é assim. Assim seja.

Aprendemos a amar com consciência e com toda a lucidez. Começando por ver; e aceitamos o que vemos. Perdemos nossas ilusões para estarmos apoiados na aceitação. A aceitação de si mesmo e do outro: não só no que ele é, mas em sua maneira de amar. Com o decorrer do tempo talvez tenhamos conseguido ser mais sensatos, mais sábios. Um "grande sábio" teria se preocupado em conhecer o sentimento dos outros a seu respeito? Ficaria inquieto para garantir ser amado e com a forma como está sendo amado? Nossa maior liberdade não será justamente deixarmos de nos preocupar em sermos

---

71. Escritor belga (1905-1987). Espírito revolucionário, violento e insubmisso, encontrou no grupo surrealista o espaço de expressão de suas pulsões; entre seus meios de ação, fez uso da escrita automática (N.T.).

amados? E nossa mais elevada forma de amor é amar cada vez melhor. Amar você cada vez melhor.

Ao ficar inquieto em amar da melhor forma possível, já não tenho qualquer inquietação em ser amado. Faço questão de tornar o relacionamento cada vez mais agradável e não de saber se sou lindo(a). Não estou a serviço da minha – nem da sua – celebridade, mas quero prestar homenagem à beleza e ao esplendor do amor. Prestigiá-lo e reconhecer seu caráter sagrado.

"Tenho consciência de que cada gesto é sagrado." Reverencio este amor maior do que meu amor por você, do que seu amor por mim. Consagro-me a ele. Vivo no "sacrifício" entendido no sentido não de tornar-me vítima de minha dedicação, mas de "fazer o sagrado". A sacralidade de meus atos é o que lhes confere sua plena realização: perpétua superação para o que há de melhor em mim mesmo. Entrego-me inteiramente, dou toda a minha vida. Reverencio o amor que está em mim, o amor que tenho por você. Como seria possível prestar-lhe homenagem a não ser pela minha entrega a ele em uma dimensão de amor inspirado?

Entrego-me com toda a minha alma, com todo o meu coração, com todo o meu corpo, por meio de uma encarnação amante e viva. Estou a serviço de um amor que nos eleva, desse amor que "faz girar a Terra, o coração humano e as outras estrelas". Em uma celebração ilimitada.

Como um fogo sagrado, reverencio sua chama e empenho-me em mantê-la acesa; como uma terra sagrada, dedico-me a alimentá-la, tenho respeito e veneração por ela; como uma fonte sagrada, permito que ela possa escoar-se. E introduzo-me nesta correnteza para formar uma só coisa com ela.

Esse amor está além da presença e da ausência. Trata-se de um amor que contém sua fé e define suas próprias leis. O vínculo cada vez mais sutil não pode ser confinado em uma definição, nem reconhecer outra religião que não seja a sua. É um amor livre. Não é uma prisão, mas um dom. Não confina, nem impede a passagem; mas está à disposição e se entrega.

Escapa a qualquer regra. Este amor inventa e torna a inventar suas regras: elas são regidas por um amor maior do que seu amor. Um amor que não lhe pertence. "Amai-vos como eu vos amei", um amor sem julgamentos, nem críticas. Um amor humano, bem humano. Na tolerância, em vez da abnegação, diante da intolerância, no respeito pelo outro e sem nunca esquecer o respeito por si mesmo. Em um olhar de amor que não pensa em si, mas está voltado para o ser amado. Para todos os seres amados.

Não tenho um só e único amor; não tenho uma só e única maneira de amar. Mas em relação a você, minha forma de amá-lo é exclusiva para você. Esse amor, a um só tempo, humano e divino, eivado de desejo e amizade, assim como de uma ternura incondicional, é exclusivo para você. Evito formular-me a questão sobre a fidelidade; sou fiel ao amor que tenho por você.

Deposito em você minha confiança e você deposita sua confiança em mim; mas, a confiança absoluta não estará em nosso amor? Ele é o único que pode nos inspirar, nos guiar, nos conduzir em direção de algo cada vez mais agradável e maior do que nós. "Vocês serão felizes tanto quanto imploram nossas orações e é nosso anseio, escreve Teilhard de Chardin, se as duas vidas de vocês se encontrarem e se propagarem, perigosamente debruçadas para o futuro, na paixão por algo maior do que vocês".

Estou aí para você e sei que você está aí por mim; não será isso a alegria mais depurada? A de amar e ser amado, neste tempo e fora do tempo, na carne e no coração, na vigilância e na respiração, com uma sede que se tornou fonte. Fonte de água viva que nos transforma em seres vivos inteiros, desde os mais baixos até os mais altos degraus da escada, e, ao mesmo tempo, em todos os degraus. Um ser inteiro que encontra um outro ser inteiro. Uma aliança entre duas liberdades. "Duas humanidades que têm respeito uma pela outra", de acordo com a excelente expressão de Rilke.

"Portanto, o encontro de vocês vai ocorrer, sobretudo, através da compenetração e da troca constante de pensamentos, afetos, sonhos e oração, diz Teilhard de Chardin. Esta é a forma, no espírito através da carne, como vocês sabem, de evitar a saciedade, as decepções e os limites. Eis a forma pela qual o amor de vocês conseguirá o ar livre e o desfecho apoteótico."

Meu amor, estenda sua mão para mim que eu lhe darei a minha e caminhemos juntos. E reservemos o tempo para nos abrir à eternidade.

Bibliografia

AMAR, Yvan. *Les Dix Commandements*. Paris: Albin Michel, 2004 [Col. Espaces Libres].

—— *La pensée comme voie d'éveil*. Paris: Du Relié, 2005.

BEBE, Pauline. "Isha". *Dictionnaire des Femmes et du Judaïsme*. Paris: Calmann-Lévy, 2001.

BOBIN, Christian. *La part manquante*. Paris: Gallimard, 1994.

BUSSET, Jacques de Bourbon. *Lettre à Laurence*. Paris: Gallimard, 1987.

BRUCKNER, Pascal & FINKIELKRAUT, Alain. *Le nouveau désordre amoureux*. Paris: Du Seuil, 1977.

EISENBERG, Josy & ABÉCASSIS, Armand. *À Bible ouverte*. 4 vol. Paris: Albin Michel, 1978-1981.

FREUD, Sigmund. Malaise dans la civilisation. *Revue Française de Psychanalyse*, n. VII, 4.

GIBRAN, Khalil. *Le prophète*. Paris: Casterman, 1956.

HILLESUM, Etty. *Une vie bouleversée — Journal 1941-1943*. Paris: Du Seuil, 1985.

LACROIX, Xavier. *Les mirages de l'amour*. Paris: Bayard, 1997.

LIPOVETSKY, Gilles. *L'Ère du vide*. Paris: Gallimard, 1983.

MONTREYNAUD, Florence. *Aimer — Un siècle de liens amoureux*. Paris: Du Chêne, 1997.

PORCHIA, *Voix*. Paris: GLM, 1949.

RILKE, Rainer Maria. *Lettre à un jeune poète*. Paris: Grasset, 1984 [Col. Les Cahiers Rouges].

SARRAUTE, Nathalie. *L'Usage de la parole*. Paris: Gallimard, 1983.

TEILHARD DE CHARDIN, Pierre. *Sur le bonheur — Sur l'amour*. Paris: Du Seuil, 1997.

THIBON, Gustave. *Ce que Dieu a uni*. Lyon: Cardouchet, 1946.

—— *L'Ignorance étoilée*. Paris: Fayard, 1974.

VAN GULIK, Robert. *La vie sexuelle dans la Chine Ancienne*. Paris: Gallimard, 1987.

WINTER, Jean-Pierre. *Les errants de la chair*. Paris: Calmann-Lévy, 1998.

WITTGENSTEIN, Ludwig. *Tractatus logico-philosophicus*. Paris: Gallimard, 1993.

EDITORA VOZES

CULTURAL

Administração
Antropologia
Biografias
Comunicação
Dinâmicas e Jogos
Ecologia e Meio-Ambiente
Educação e Pedagogia
Filosofia
História
Letras e Literatura
Obras de referência
Política
Psicologia
Saúde e Nutrição
Serviço Social e Trabalho
Sociologia

CATEQUÉTICO PASTORAL

Catequese
Geral
Crisma
Primeira Eucaristia

Pastoral
Geral
Sacramental
Familiar
Social
Ensino Religioso Escolar

TEOLÓGICO BÍBLICO

Biografias
Devocionários
Espiritualidade e Mística
Espiritualidade Mariana
Franciscanismo
Autoconhecimento
Liturgia
Obras de referência
Sagrada Escritura e Livros Apócrifos

Teologia
Bíblica
Histórica
Prática
Sistemática

REVISTAS

Concilium
Estudos Bíblicos
Grande Sinal
REB (Revista Eclesiástica Brasileira)
RIBLA (Revista de Interpretação Bíblica Latino-Americana)
SEDOC (Serviço de Documentação)

VOZES NOBILIS

O novo segmento de publicações
da Editora Vozes.

PRODUTOS SAZONAIS

Folhinha do Sagrado Coração de Jesus
Calendário de Mesa do Sagrado Coração de Jesus
Almanaque Santo Antônio
Agendinha
Diário Vozes
Meditações para o dia-a-dia

CADASTRE-SE

www.vozes.com.br

EDITORA VOZES LTDA.
Rua Frei Luís, 100 – Centro – Cep 25.689-900 – Petrópolis, RJ – Tel.: (24) 2233-9000 – Fax: (24) 2231-4676 –
E-mail: vendas@vozes.com.br

UNIDADES NO BRASIL: Aparecida, SP – Belo Horizonte, MG – Boa Vista, RR – Brasília, DF – Campinas, SP –
Campos dos Goytacazes, RJ – Cuiabá, MT – Curitiba, PR – Florianópolis, SC – Fortaleza, CE – Goiânia, GO –
Juiz de Fora, MG – Londrina, PR – Manaus, AM – Natal, RN – Petrópolis, RJ – Porto Alegre, RS – Recife, PE –
Rio de Janeiro, RJ – Salvador, BA – São Luís, MA – São Paulo, SP
UNIDADE NO EXTERIOR: Lisboa – Portugal